Manual do Gestor
da Indústria Gráfica

Manual do Gestor da Indústria Gráfica

Flávio Botana

1ª EDIÇÃO 2012

SENAI-SP editora

SENAI-SP editora

CONSELHO EDITORIAL
Paulo Skaf (Presidente)
Walter Vicioni Gonçalves
Débora Cypriano Botelho
Ricardo Figueiredo Terra
Roberto Monteiro Spada
Neusa Mariani

Editor
Rodrigo de Faria e Silva

Editora assistente
Juliana Farias

Produção Editorial
Paula Loreto

Capa e Projeto gráfico
Negrito Produção Editorial

Revisão
Adir Lima

Copyright © 2012 SENAI-SP

Dados Internacionais de Catalogação na Publicação (CIP)

Botana, Flávio
    Manual do gestor da indústria gráfica / Flávio Botana. – 1. ed. – São Paulo : SENAI-SP editora, 2012.
168 p.

ISBN 978-85-65418-10-2

1 . Indústria gráfica. 2. Manuais. 3. Administração. I. Título.

CDD – 676.282

Índices para catálogo sistemático:
Indústria gráfica : Manuais : Administração

Bibliotecárias responsáveis: Elisângela Soares CRB 8/6565
Josilma Gonçalves Amato CRB 8/8122

Prefácio

Gutenberg, além de ter inventado a tipografia, foi o primeiro empresário gráfico. Gutenberg faliu. Apesar desse mau início, o ramo gráfico tem sido um excelente negócio desde então. O fato é que os diversos produtos dessa indústria são imprescindíveis para a sobrevivência de qualquer pessoa nas sociedades modernas.

E à medida que as nações progridem, mais impressos são necessários – livros, revistas, jornais, embalagens etc. É certo que alguns produtos deixam de ser úteis. Listas telefônicas e alguns documentos fiscais são exemplos de produtos que as gráficas deixarão de fabricar. No entanto, a despeito da concorrência das novas mídias, o cenário que se vislumbra para médio e longo prazos é uma demanda crescente de impressos e a convivência das mídias impressa e eletrônica. Esse crescimento pode não se dar em todos os países, mas certamente vai acontecer nos países em desenvolvimento e no mundo de uma forma geral. Assim, gráficas devem continuar proporcionando ótimas oportunidades a bons empreendedores.

No entanto, a empresa gráfica, para ter sucesso, não pode ser gerenciada amadoristicamente. Pragmatismo pode ser uma qualidade, mas precisa andar de mãos dadas com a gestão racional e com o planejamento estratégico.

Este pequeno manual dará uma ajuda inestimável a quem pretende se aventurar nesse ramo de negócios ou para aqueles que já militam nele. Será útil para empresários, para os que pretendem sê-lo, mas também para os que preferem "apenas" dirigir o empreendimento. Estudantes encontrarão, nestas páginas, valiosos conhecimentos que os ajudarão a tornar-se bons profissionais.

Flávio Botana conseguiu sintetizar nesta obra as questões mais fundamentais para a gestão de uma empresa gráfica. São conhecimentos acumulados em uma longa e frutífera carreira como gestor, docente e consultor. Botana teve inúmeras oportunidades de conhecer as boas e as más práticas, os acertos e os erros. Esse conhecimento – pragmático – ele sistematizou com base na melhor teoria de gestão. Se Gutenberg tivesse tido a oportunidade de aprender essas lições talvez ele tivesse tido sucesso também como empresário.

Manoel Manteigas de Oliveira
Diretor da Escola SENAI Theobaldo De Nigris
Diretor técnico da Associação Brasileira de Tecnologia Gráfica – ABTG

Sumário

I. Introdução, 11

II. Um mundo novo – a transformação do profissional em empresário, 15

O mundo dos negócios, 16
Como abrir uma gráfica, 23
O que é ser empresário gráfico, 46

III. Investimento contínuo – a capacidade de gerenciar recursos escassos, 53

As várias formas de pensar em investimentos na empresa gráfica, 54
Planejamento de investimentos: estruturando o seu crescimento de modo economicamente sustentável, 62
Análise de investimento: As máquinas ficarão velhas ou obsoletas?, 82

IV. Administração de finanças – nem tudo é lucro, 91

Controle de custos: mais do que uma necessidade, uma obrigação, 91
Margem de contribuição e controle dos custos fixos: como montar e manter uma estrutura empresarial saudável, 98

V. Administração de recursos humanos: de profissional a patrão – a arte de extrair o melhor de cada um e de administrar conflitos, 107

Motivar a equipe: O grande desafio da liderança, 108
Por que investir em educação e desenvolvimento?, 117
Descommoditizar por meio do talento, 123
Quem serão os líderes do futuro na indústria gráfica?, 126

VI. As várias fases de uma empresa: inicial, crescimento, ampliação, consolidação... – um projeto interminável, 135

Erro zero, custo baixo, prazo curto: a tecnologia a serviço da necessidade dos clientes, 136

A importância da boa utilização da TI (Tecnologia de Informação) na indústria gráfica, 142

VII. Atualização constante: pés no presente e olhar no futuro – preparando o crescimento e o futuro do negócio, 149

O que são as tecnologias disruptivas e como elas estão afetando o negócio da indústria gráfica, 149

Perspectivas para a indústria gráfica – gerenciamento de crises, 153

Tendências para a indústria gráfica: as incertezas do futuro, 157

Bibliografia, 167

Manual do Gestor da Indústria Gráfica

Capítulo I
Introdução

O mundo gira cada vez mais rápido! O século XXI entrou na vida das empresas de modo avassalador, e, sem pedir licença, passou a provocar transformações rápidas e intensas que trouxeram mudanças tecnológicas, de processos, de procedimentos, e também estruturais. Em outras palavras, mudanças na maneira de ser das empresas e no modo de se relacionar com seu público (clientes, fornecedores, concorrentes, funcionários e comunidade).

A Revolução da Informação, como foi chamada por Peter Drucker em artigo do ano 2000[1], alterou o estilo de vida das pessoas, desde a forma como acessam as informações necessárias até os seus hábitos de compra, causando reflexos dramáticos na vida das empresas. O mundo não está em mudança, ele está em reconstrução.

E a indústria gráfica, ligada umbilicalmente ao mundo da comunicação, está no centro dessas mudanças. A Tecnologia de Informação causou severas modificações nas empresas do ramo que se iniciaram com a revolução da pré-impressão. Nessa época, os "estúdios de fotorreprodução", da década de 1970, tinham salas escuras e dezenas de operadores manipulando filmes que seriam dizimados pela tecnologia digital. Depois, surgiram as provas digitais, a impressão digital – a princípio apenas com dados variáveis e depois com impressão a quatro cores –, o *workflow* etc.

Resumindo, as inovações da Revolução da Informação afetaram mais intensamente a indústria gráfica do que a maioria dos outros ramos industriais. Muitas empresas tradicionais desapareceram, novos *players* surgiram

---

1. "Além da Revolução da Informação", *Revista HSM Management*, ano 4, n. 18, jan.-fev. 2000.

e os negócios dessa indústria se movimentam e se modificam rapidamente, obrigando os empresários do setor a uma contínua atualização e atenção extrema com as mudanças, pois qualquer deslize põe a empresa em xeque, ameaçando o sucesso duradouro ou até sua sobrevivência.

É nesse ambiente que vivem os empresários gráficos e os líderes das empresas gráficas. Esses profissionais têm sido testados à exaustão em sua capacidade de gestão sob pressão. Nem todos obtêm sucesso. Nem todos sobrevivem.

Além disso, tem ficado evidente que o sucesso passado não garante o sucesso futuro. A manutenção da lucratividade e da prosperidade das empresas gráficas está cada vez menos vinculada à manutenção do *status quo* que levou a empresa a ter resultados positivos anteriormente. O que vale agora é a capacidade de entender as mudanças, de antever seus efeitos, de estar preparado para elas e de agir rapidamente quando acontecerem.

Essa nova maneira de gerir uma empresa gráfica demanda também um novo perfil de líder. Um líder atento, curioso e bem informado. Um líder com boa formação acadêmica, que goste de aprender e de ensinar, que interaja com as pessoas e que seja equilibrado.

E, acima de tudo, que seja uma pessoa de conceitos fortes, com capacidade de discutir a essência e não as superficialidades: pois é na essência, nos conceitos, que estão os valores capazes de moldar as empresas gráficas do século XXI.

Pode parecer estranho, mas conceitos fortes não é o mesmo que conceitos inflexíveis. Sobretudo, o empresário gráfico e o líder da indústria gráfica têm de saber ouvir opiniões, refletir sobre elas e mudar de ideia, quando for o caso. A flexibilidade é fundamental para um mundo em constante mutação. Se tivesse de dar um nome a tudo isso, esse processo seria chamado de *Educação aplicada nas Empresas.*

A proposta deste livro é discutir alguns dos principais conceitos de gestão para a indústria gráfica. Técnicas, aplicações e ferramentas vão surgir a cada momento, portanto colocá-las no centro da estrutura do livro não parece ideal.

Serão discutidos os conceitos e sua forma de aplicação. Eles permanecem válidos. Independentemente da ferramenta ou técnica utilizada, eles são o fator crítico de sucesso na gestão da empresa gráfica. E essa visão não desmerece a qualidade e a importância das técnicas, aplicações e ferramentas. O que se quer enfatizar é que o conceito sem a ferramenta é conceito; a ferramenta sem conceito é nada.

Como diz Djalma de Pinho Rebouças de Oliveira, no livro *Administração de processos*, a gestão em constante evolução pede novos conceitos e as questões estratégicas e organizacionais são as molas propulsoras da prática desses novos conceitos. É o que ele chama de *readministração para a competitividade*.

Finalmente, o objetivo é que esta seja uma obra aberta, pensar que talvez, ao terminar a última linha, muita coisa já poderá ser revista e atualizada. Espera-se que os leitores encarem o conteúdo deste livro não apenas como uma visão específica sobre gestão da indústria gráfica, mas que a leitura possa trazer momentos de reflexão, questionamento e boas discussões sobre a melhor forma de gerir uma indústria gráfica.

Afinal, num ambiente de negócios em que o conhecimento aplicado faz a diferença, se este trabalho puder contribuir para melhorar a visão dos atuais e futuros líderes dessa indústria, ele terá cumprido a sua missão.

Capítulo 2

Um mundo novo – a transformação do profissional em empresário

Tornar-se empresário! Ser dono do próprio destino! Este é o sonho de muitos profissionais que se percebem como pessoas conhecedoras da tecnologia e com um boa influência no mercado em que atuam. Imaginam que essas capacitações são suficientes para enfrentar o desafio de ter uma empresa de sucesso.

Apesar de absolutamente fundamentais, esses conhecimentos não garantem uma boa transição do mundo dos colaboradores para o dos empreendedores. Existem vários aspectos que precisam ser considerados. Aspectos de ordem estratégica, legal, financeira, organizacional, mercadológica e estrutural influenciarão o negócio e devem ser dominados pelos futuros (e também pelos atuais) empreendedores.

Além disso, o processo de mudança de liderado a líder também não é simples. É um aprendizado que envolve saber ouvir os clientes, os colaboradores, os fornecedores e dar segurança a quem é ouvido. Envolve também ser responsável por tudo o que acontece na empresa e aprender a controlar as emoções quando as coisas não vão bem, sabendo apoiar e motivar a equipe na busca constante de resultados melhores.

Entender o mundo dos negócios, ter uma estratégia estruturada para a empresa e se preparar para ser líder são aspectos fundamentais nesse processo, e é sobre esses pontos que este livro tratará.

O MUNDO DOS NEGÓCIOS

No livro *A meta*, o autor Eliyahu Goldratt apresenta um diálogo entre o grupo de gerentes de uma fábrica na qual, estranhamente, existia a dúvida sobre a pergunta aparentemente mais básica que uma empresa pode se fazer: Afinal de contas *qual é a meta* da empresa? E após algumas discussões, eles chegam à conclusão de que a meta da empresa é ganhar dinheiro!

O que chama a atenção nesse texto é a sua obviedade. Porém, impressiona ainda mais a possibilidade de que essa discussão exista em inúmeras empresas e que talvez não seja muito fácil chegar à resposta certa. A complexidade das estruturas hierárquicas e organizacionais das empresas, assim como os aspectos burocráticos, podem encobrir o que parece mais óbvio para a organização, que é a sua razão de existir. "A meta de uma empresa, no sistema capitalista, é ganhar dinheiro!"

E a base estrutural para atingir esse objetivo é a análise de várias teorias de gestão e a sua condição de aplicação na indústria. O resultado será positivo se conseguirmos extrair aplicações práticas para uma gestão com qualidade na empresa, levando em conta o seu porte, a sua estrutura e as condições estruturais e mercadológicas do seu ramo de negócios.

O aspecto da aplicabilidade é fundamental, pois devemos analisar as teorias ou os estudos de casos com o foco em uma boa sintetização à luz do próprio negócio, experimentar o potencial de utilização e trabalhar na customização do que for possível e aceitável.

No livro *Organizational Culture and Leadership* (Cultura Organizacional e Liderança), o autor Edgard Schein contrapõe os pressupostos de pragmatismo e idealismo para analisar as culturas das empresas e de outros grupos sociais. Essa contraposição também é válida para discutir a abordagem a ser dada para a análise das teorias de gestão e sua aplicação nas empresas. Se formos demasiado *idealistas*, ou mesmo excessivamente *românticos*, corremos o risco de perder a qualidade da análise da aplicabilidade pensando que aspectos como "encantar o cliente", "dar qualidade de vida ao colaborador", "preservar a natureza", "atender aos direitos do consumidor" e "responsabilidade social" conseguirão se manter à revelia da lucratividade e sustentabilidade das empresas.

O *pragmatismo*, que nesta análise colocará o lucro como a razão de ser das empresas no mundo capitalista, se usado como base, tratará os aspectos citados como *meios* para a maximização do lucro. Essa visão parece mais compatível com a realidade do mundo dos negócios, ainda que possa incomodar a quem não consiga aceitar o capitalismo em sua plenitude. E essa visão não altera as ações em prol da melhoria da gestão de qualidade, apenas coloca um balizador que deve fazer com que essas ações melhorem a vida de clientes, consumidores e comunidade em geral, não agridam a natureza e ao mesmo tempo sejam rentáveis para os investidores.

Essa análise pragmática, que, deve-se insistir, não se concentra apenas no lucro, mas o tem como a base de aprovação para as ações a serem tomadas, levará a uma visão mais equilibrada da gestão. Isso quer dizer que evitará que se adotem medidas extremadas visando ao benefício exclusivo do cliente. Por exemplo, se essas medidas confrontarem a lucratividade da empresa, salvo se elas trouxerem algum benefício no longo prazo. Da mesma forma, impedirá que medidas drásticas visando ao lucro imediato sejam tomadas, se afetarem o relacionamento de longo prazo com clientes, colaboradores e comunidade. É a arte de trocar o ideal pelo possível.

A visão deve estar sempre voltada para o longo prazo, pois as empresas nascem para ser "eternas". As empresas devem pensar que querem ter lucro hoje e lucro sempre, e esse lucro virá por meio da consolidação de relacionamentos estáveis com clientes que querem o seu produto/serviço e estão dispostos a pagar por eles. E a produção desses produtos/serviços deve estar apoiada em uma cadeia produtiva sólida e estável, quer seja internamente numa empresa bem estruturada com colaboradores capacitados e motivados, ou externamente com parcerias consolidadas com fornecedores e terceiros.

Falando novamente sobre a aplicabilidade prática do estudo de teorias de gestão, é importante ressaltar que o que se prega aqui não é a utilização do provérbio "na prática a teoria é outra". Entendemos e respeitamos o conhecimento prático adquirido em anos de experiência em um processo de tentativa e erro. Ele é bom, mas não é suficiente. O que procuraremos é utilizar teorias certas para as situações práticas do mercado, aplicadas nas condições adequadas e adaptadas às limitações existentes.

Em contrapartida, o entendimento e análise das teorias são sempre muito úteis e necessários. Porém, o sucesso do profissional no mercado de trabalho está mais vinculado à capacidade de aplicação das teorias, no ambiente em que atua, do que apenas ao conhecimento das teorias. Somos empresas, não laboratórios. Vejamos, então, o que seria o comportamento básico de uma empresa no mundo dos negócios.

No sistema capitalista, como já foi dito, o objetivo de todas as empresas é o lucro. Todo negócio nasce a partir de uma ideia de um empreendedor que está disposto a investir uma soma em dinheiro para ganhar *mais* dinheiro. Essa é a base do espírito empreendedor, pois, se não fosse assim, essa pessoa aplicaria o seu dinheiro no mercado financeiro no qual teria um retorno interessante, praticamente garantido e com um nível de esforço que beira a zero. Agora, o componente que dita a forma para ganhar esse dinheiro é a chamada vocação.

O empreendedor tem, normalmente, uma forte ligação com um ramo de negócios, ligação que pode ser familiar, técnica, relacionada ao seu histórico profissional ou acadêmico; e tal ligação afetiva cria no empreendedor uma *visão de negócio* que será a base passional para o objetivo frio e calculista de ganhar muito dinheiro. O que se nota, particularmente nos países de origem latina como o Brasil, é que muitas vezes essa vocação é tamanha que o empreendedor a coloca na frente do objetivo básico que é ganhar dinheiro. Não raro, acaba perdendo as rédeas do negócio em seu sentido de empreendimento, para entendê-lo quase como "um membro da família".

É preciso estar ciente de que, do ponto de vista de negócios, o produto ou o serviço que a empresa executará é apenas o meio que encontrou para trazer o lucro necessário a fim de tornar o investimento atraente. Se analisarmos o mercado norte-americano, que é bem menos emocional que o brasileiro, veremos que a visão do investidor é o retorno sobre o investimento, logo o compromisso do empreendimento é remunerar o capital de forma adequada. Se isso não acontece, o investidor simplesmente buscará novas alternativas para obter o resultado esperado. Na cultura de negócios norte-americana é clara a diferenciação entre o investidor e o gestor do negócio. No Brasil, nem tanto. Se olharmos particularmente o mercado gráfico brasileiro, com suas milhares de empresas familiares pequenas e médias, essas duas figuras (investidor e gestor) são quase sempre a mesma pessoa.

Quando o foco é o lucro, ele será obtido, obviamente, por meio da diferença entre o valor de venda dos produtos/serviços e o montante de recursos aplicados para produzi-los, como matérias-primas, pessoal, equipamentos, serviços de terceiros etc.

As empresas têm naturalmente o ímpeto de procurar resultados crescentes. Afinal de contas, é para isso que nasceram: para progredir. Então, é atribuição básica dos gestores das empresas buscar a maximização do lucro, com o objetivo claro de buscar a estabilidade e a perenidade do empreendimento.

Para maximizar o lucro, as empresas tentam pagar o mínimo possível para seus fornecedores, utilizar da forma mais produtiva e barata os seus recursos e vender seus produtos pelo maior preço possível aos seus clientes. Dessa perspectiva, uma análise inicial poderia nos levar a pensar em termos de matérias-primas de segunda linha sendo processadas em máquinas desatualizadas tecnologicamente por operadores despreparados e mal pagos, gerando produtos ruins que seriam vendidos por preços muito caros. Esse cenário parece um absurdo, mas, se olharmos o perfil de um monopólio, ele se parecerá muito com este. A falta de opções para o consumidor o obriga a comprar o produto que lhe for oferecido e pagar o que foi solicitado.

Entretanto, em um mundo competitivo, essa questão se transforma totalmente. Nós ainda queremos pagar o mínimo possível para nossos fornecedores, utilizar da forma mais produtiva e barata os recursos e vender os nossos produtos pelo maior preço possível aos nossos clientes, mas precisamos fazê-lo de forma mais eficaz que nossos concorrentes.

Nós não precisamos ser bons, precisamos ser melhores que os nossos concorrentes. E é por isso que nos atualizamos tecnologicamente, que procuramos ter os melhores profissionais capacitados e motivados, que procuramos trabalhar com boas matérias-primas e vender com um preço que fidelize o cliente e nos dê um resultado aceitável. Fazemos tudo isso, pois, se não o fizermos, alguém faz e nos ultrapassa, conquistando a fidelidade do cliente, o que é fatal para nós.

O desafio que deve ser enfrentado, então, é o seguinte: "Eu quero encantar o cliente, mais do que qualquer outro, mas ele tem de pagar por isso". Entender essa correlação entre atender as necessidades do cliente e o lucro não é extremamente difícil, em especial quando o universo da análise é a *nossa* empresa e os *nossos* clientes.

Porém essa análise ganha outros contornos quando aumentamos o ângulo de visão e passamos a enxergar um sistema de negócios, composto por milhares de empresas e milhares de clientes, todos com o mesmo objetivo de obter o maior lucro possível.

O seu cliente também é uma empresa, que também tem clientes, fornecedores, concorrentes etc., e como você ele quer maximizar o próprio lucro. Pensando no que falamos anteriormente, é fácil concluir que ele tentará pagar o mínimo possível para seus fornecedores. Ora, *a sua empresa* é um desses fornecedores, portanto, ele tentará aumentar o próprio lucro, diminuindo o seu! Da mesma forma, os seus fornecedores tentarão vender os produtos deles pelo maior preço possível para *a sua empresa*. O lucro dele aumentará e o seu diminuirá.

E os seus concorrentes tentarão maximizar o próprio lucro buscando captá-lo na mesma fonte que a sua empresa. Lembre-se de que, se o seu objetivo é ser melhor do que ele, o dele é ser melhor que você. Alguém ganhará e alguém perderá.

O que é receita para alguns é despesa para outros. Quando uns vencem, outros perdem. O aumento de lucro de certas empresas implica o aumento do prejuízo de outras. Esse é o conflito básico e natural do capitalismo!

O sucesso das organizações está intimamente ligado ao entendimento desse conflito. Aqueles que tiverem a capacitação gerencial para administrar esse conflito, em vez de se revoltarem, enxergarão melhor as oportunidades e também saberão elaborar estratégias bem-sucedidas. Serão eles também que melhor saberão aplicar o seu tempo e dedicação em projetos que mereçam essa atenção e que tenham reais chances de sucesso.

Esse conflito não é um problema do qual as empresas devam querer se livrar. É um processo que deve ser intensamente vivido e no qual devem ser investidas capacitação, motivação e habilidades gerenciais da empresa.

Os judeus são muito conhecidos pela habilidade de negociação. Diz-se que parte desse sucesso vem do fato de que, tanto ou mais do que ganhar uma negociação, os judeus gostam *do processo* da negociação. A tensão associada ao processo, a busca das melhores alternativas, a atuação nos momentos decisivos são intensamente prazerosas para eles. Porém, às vezes eles ganham e às vezes perdem. O resultado é também uma parte do processo.

Os conflitos entre fornecedores e clientes e entre empresas concorrentes são normais e inevitáveis. Porém, a postura das empresas com relação a eles varia muito. Existem empresas que "sofrem" com esses problemas e sonham com a possibilidade do seu fim, imaginando um momento em que seus clientes pagam o preço pedido, os fornecedores aceitam suas condições, seus concorrentes não atrapalham as negociações e os lucros vêm sem problemas.

Essas empresas estarão sempre "brigando" no mundo dos negócios com todas as empresas com que se relacionam e constantemente estarão insatisfeitas com os resultados obtidos. Não parece ser esse o melhor caminho. Geralmente as empresas que convivem harmoniosamente com os problemas têm melhor resultado.

Mais do que brigar no mundo dos negócios, é necessário aprender com os problemas, desenvolvendo recursos para melhorar seu desempenho, mantendo a atenção sempre no resultado final e no objetivo básico da empresa: o lucro. A empresa entenderá os problemas como um processo que deve ser vivido e de onde devem ser retirados os "sinais" do mercado para nortear a sua evolução, proporcionando as bases para as mudanças da estratégia da empresa.

Portanto a palavra-chave da sobrevivência e da prosperidade no mundo dos negócios é *aprendizado*. Porque é por meio do *aprendizado*, associado com a aplicação prática do que se aprende, que se chega ao *crescimento*.

Evoluir e crescer aprendendo com os problemas não é um processo fácil nem rápido. Porém é possível, desde que feito em etapas; e que cada uma dessas etapas sejam desenvolvidas de uma forma sólida e segura. Vejamos quais etapas são essas:

Conhecimento

Só cresce quem sabe. O primeiro ponto para qualquer evolução é a busca do conhecimento. Na atualidade, a informação é extremamente disponível e para evoluir é preciso acessar essas informações, entendê-las e verificar a sua possibilidade de aplicação. Quem quer crescer deve buscar boa formação, muita informação, um bom poder de análise e bons conselheiros/professores que possam ajudá-los e motivá-los a buscar sempre os limites do conhecimento. O mais fascinante disso é que, quanto mais buscamos os limites, mais fica claro que eles são infinitos.

Convicção

Só cresce quem precisa. É preciso que as empresas tenham a capacidade para perceber a sua posição competitiva e estejam conscientes da necessidade de aprender com os problemas, pois assim estarão se preparando para estar em melhor posição competitiva no futuro. A necessidade é a mola mestra de qualquer mudança. O pior doente para ser tratado é aquele que acredita ser saudável. Ele acredita que não precisa de nada e, portanto, recusa o que lhe é oferecido e resiste a tratamentos. O primeiro e um dos principais fatores críticos de sucesso para o crescimento das empresas é ter consciência da sua posição competitiva, conhecer as suas limitações e, pautado pela realidade, avaliar o quanto precisa melhorar para alcançar os seus objetivos.

Determinação

Só cresce quem quer. É a vontade que a empresa tem de querer sair da inércia. É o esforço de sair de uma posição cômoda e estável para uma posição incerta, por entender que se fizer o que sempre fez, terá o resultado que sempre obteve. É o ponto em que o comando da empresa se faz presente para dar um rumo aos comandados. O papel do líder nesse processo é fundamental. Quando os funcionários enxergam no líder a determinação em busca do sucesso, eles compreendem com mais facilidade a sua contribuição no processo. O líder inspira!

Ação

Só cresce quem faz. Fazer planos é uma tarefa excelente. O papel aceita tudo. Não existem resistências nem senões. No entanto, colocar em prática um plano é tarefa árdua. É a hora de lidar com pessoas, de pensar nos detalhes, de ir atrás de recursos etc. Por mais que um plano tenha sido bem elaborado, sua execução traz sempre uma grande carga de imprevistos, e o perfil da pessoa que lidará com essas dificuldades certamente é diferente do de quem elaborou o plano.

Esforço

Só cresce quem persiste. É o momento em que algo em que se pensou não dá certo. Portanto, é absolutamente necessário que existam pessoas dispostas a suplantar todas as dificuldades para manter o objetivo de alcançar a meta dos planos. Tudo pode ser revisto em função dos resultados obtidos. É preciso ter pessoas dispostas a recomeçar, se for preciso, mas nunca desistir.

Portanto, todas as nossas análises devem ser focadas no mundo real, o mundo dos negócios; com seus problemas e incertezas. No campo da filosofia da qualidade não haverá verdades absolutas. Tudo é passível de ser discutido. Devemos investigar, sempre, muitos exemplos reais para que possamos verificar os acertos e erros em nossa opinião, e também investigar sobre como atuaríamos se pudéssemos voltar no tempo e enfrentar a mesma situação.

É, portanto, dessa forma que começamos a moldar uma empresa de sucesso: líderes reais atuando com dedicação e inteligência reais em um mundo real, o mundo dos negócios.

Como abrir uma gráfica[1]

Abrir uma gráfica é uma decisão estratégica que deve ser muito bem estruturada. Ter conhecimento técnico em alguma área, dispor de algum capital e muita vontade de se tornar um empreendedor são condições necessárias, porém não são suficientes para o sucesso.

A intenção deste texto é dar ao potencial empreendedor uma série de informações que devem ser analisadas *antes* da tomada de decisão e, se essa decisão for pela abertura de uma nova empresa, queremos que ela sirva como um *checklist* para que nenhuma providência relevante seja deixada em segundo plano, podendo gerar problemas futuros ao negócio.

É importante que os dados e as informações que servirão de base para a decisão não sejam tirados de hipóteses não fundamentadas: os tão conhecidos "acho que...". Deve-se fazer pesquisas, analisar informações e conversar com pessoas do ramo para não cometer o erro de tomar uma decisão aparentemente correta através dos dados de que se dispunha, e, no futuro, perceber que as coisas não deram certo porque a base de informações era incorreta.

---

1. Com a colaboração de José Pires de Araújo Jr.

Análise estratégica

Vamos analisar os principais pontos estratégicos para a abertura de uma empresa:

a) Mercado: escolha, ambientes, concorrentes, ameaças, oportunidades
Existem duas perguntas básicas que devem ser respondidas no processo de análise de viabilização de uma nova empresa: *O que* vender? *Para quem* vender?

A análise sobre *o que* será vendido ao cliente nos remete ao conceito de diferencial competitivo. Deve-se ter consciência de que o mercado já está estabelecido, com fornecedores, clientes, concorrentes e que a chegada de uma nova empresa só se justifica se houver "ruptura" desse equilíbrio.

De forma prática, se a nova empresa for apenas *mais uma*, o mercado não perceberá a diferença. Logo, é preciso ter alguma resposta para as seguintes perguntas:

- O que o meu produto ou serviço oferecerá aos meus potenciais clientes para que eles, pelo menos, experimentem trabalhar comigo (primeira compra)? Você tem alguma comprovação prática dessa resposta?
- O que fará os meus clientes abandonarem os fornecedores atuais e passarem a trabalhar consistentemente comigo?
- O que fará os meus clientes permanecerem comigo quando os fornecedores anteriores tentarem reconquistar o cliente perdido?
- Estarei preparado para não perder clientes?

Estes serão os *diferenciais competitivos*, que podem ser aspectos relativos a qualidade, preços, prazos, atendimento, tecnologia, serviços agregados ou algum outro aspecto que a nova empresa possa ter e que não será fácil para as empresas estabelecidas o copiarem ou anularem rapidamente.

b) Público-alvo: estratégias e necessidades
A análise sobre o alvo, isto é, *para quem* o produto/serviço será vendido, terá de atentar às seguintes considerações:

- Você tem algum cliente potencial que já se comprometeu a experimentar o seu produto/serviço?
- Você tem uma rede de contatos de clientes potenciais que estariam dispostos a, pelo menos, atendê-lo para que você possa apresentar a sua empresa?
- Você sabe quem são os seus concorrentes, isto é, de quem seus clientes potenciais compram atualmente?
- Você já apresentou um modelo ou projeto do seu trabalho para algum cliente potencial?
- Você já decidiu qual o padrão de clientes que você quer ter?
- Você já decidiu a abrangência geográfica de sua empresa?

Ao obter essas respostas, terá definido o *público alvo*. É para ele que deverá ser efetuada a estratégia. É a necessidade *deles* que deverá ser atendida, para que o empreendimento tenha sucesso.

c) *Concorrentes: pontos fortes e fracos, ameaças e oportunidades*
Como última análise deste tópico, deve-se, sempre, ter consciência de que a nova empresa nunca estará sozinha no mercado. Ela terá *concorrentes*. Pensando neles, deve-se, periodicamente, fazer-se os seguintes questionamentos:

- **Pontos Fortes:** Quais serão os pontos em que serei melhor que os meus concorrentes? O que deve ser valorizado junto aos meus clientes para criar diferenciais competitivos?
- **Pontos Fracos:** Quais serão os pontos em que sei que não conseguirei atingir o nível dos meus melhores concorrentes? E o que devo fazer para compensar essa desvantagem perante meus clientes?
- **Oportunidades:** O que está acontecendo ou pode acontecer no mercado no qual atuo que pode criar uma situação estratégica favorável para conseguir novos clientes ou ampliar a atuação em clientes atuais? Como posso capitalizar essas vantagens junto aos clientes, neste momento?
- **Ameaças:** O que está acontecendo ou pode acontecer no mercado em que atuo que pode criar uma situação estratégica desfavorável propiciando aos concorrentes a tomada de meus clientes? O que devo fazer *agora*

para evitar que essa situação desfavorável aconteça ou como devo me preparar para reagir se o fato for inevitável?

Se após essa análise, houver segurança de que você tem *o que* vender, sabe *para quem* vender e se sente preparado para enfrentar a *concorrência*, vá em frente, mas prepare-se, pois o trabalho está apenas começando.

A burocracia da abertura

Toda empresa tem uma personalidade jurídica própria, e para que a empresa seja constituída é necessário que seus proprietários cumpram um longo percurso pelos diversos níveis dos poderes municipais, estaduais e federal.

É preciso ter em mente que o negócio é gráfica e não "abrir empresas". Para isso existe um profissional especializado que orientará na abertura e regularização da empresa: "o contador".

Existem diversos órgãos governamentais que precisam dar sua anuência para o funcionamento de uma empresa no Brasil. E, por causa da burocracia, uma empresa pode demorar mais de seis meses para estar completamente regularizada.

Alguns dos principais órgãos em que a empresa deve ser registrada:

- Receita Federal – CNPJ.
- Fazenda Estadual (mesmo que a gráfica só preste serviços, é obrigatório o registro na Fazenda do Estado para obter a Inscrição Estadual – IE).
- CETESB.
- Corpo de Bombeiros.
- Prefeitura Municipal – ISS.
- Previdência Social – INSS.
- Registro do Contrato Social na Junta Comercial.

Os trâmites nesses órgãos são complexos e por isso é necessário um profissional experiente para essa tarefa. A escolha deve ser muito criteriosa pois o contador trabalhará com informações confidenciais dos sócios da empresa. Converse com pessoas conhecidas para obter indicações, confirme com outras empresas a idoneidade do escritório contábil indicado.

Embora o contabilista cuide da burocracia contábil fiscal, os donos de empresas não podem deixar de acompanhar o que está sendo feito. Deve-se pedir regularmente os livros fiscais para serem analisados quanto aos seus lançamentos contábeis (notas fiscais de entrada e saída) e fazer o pagamento das guias de recolhimento de impostos e taxas pela empresa e não pelo escritório de contabilidade.

É importante lembrar que ser empresário é muito bom, mas junto da satisfação existe a responsabilidade civil e criminal da empresa que recai sobre os sócios.

Localização geográfica

Este é um ponto fundamental no projeto inicial de uma gráfica. E não é um item de fácil decisão, pois precisa ser pensado levando em consideração vários aspectos. Temos de sublinhar ainda que, mesmo no caso de se dispor de um galpão ou um terreno próprio, é interessante fazer essa análise para analisar a amplitude de possíveis problemas que possam surgir em razão de uma localização geográfica inadequada.

Observemos, então, quais aspectos devem ser levados em conta:

- Adequação aos clientes.
- Adequação aos fornecedores.
- Adequação aos funcionários.
- Aspectos econômico-financeiros.

Vamos analisar tais aspectos individualmente:

Adequação aos clientes
Esse aspecto é relevante em algumas situações: quando o cliente precisa ir com certa frequência à gráfica para entregar originais ou fazer aprovações; ou quando a distância provoca variações no prazo (pelo tempo de transporte) ou preço (frete).

O conceito de distância é relativo, dependendo do ramo de atividade da gráfica. Por exemplo, uma empresa de fotolito ou uma gráfica rápida têm uma necessidade de proximidade ao cliente completamente diferente de uma gráfica editorial ou de jornais. O importante é que a gráfica não pode permitir que o fator distância seja uma desvantagem competitiva em relação aos seus concorrentes.

Uma dica interessante é que, se a empresa tem clientes espalhados pelo país ou precisa distribuir o seu produto, pode ser muito interessante estar próximo de transportadoras e/ou distribuidoras; ou ainda de aeroportos ou portos, se for o caso.

Adequação aos fornecedores
Cabem aqui duas observações: 1) o fornecedor tem de estar perto o suficiente para que não incidam custos adicionais altos em função de fretes e 2) a infraestrutura do local deve ser adequada à forma que os materiais são entregues. Se existe o interesse em receber papel em carretas de 15 ou 18 metros, não se deve alugar um galpão numa rua estreita e movimentada.

Adequação aos funcionários
Se mão de obra é fator de competitividade, deve-se pensar em fatores positivos que "segurem" seus funcionários na empresa e que sejam atrativos para funcionários que se queira contratar.

Logo, estar em um local que tenha acesso fácil por vários meios de transporte, seja um local seguro e que tenha infraestrutura de serviços (restaurantes, farmácias, bancos etc.) pode ser bastante conveniente no aspecto motivacional dos funcionários.

Note, porém, que todos esses aspectos são passíveis de ser substituídos em empresas mais afastadas por uma estrutura interna que garanta as mesmas comodidades (transporte fretado, ambulatório, posto bancário, área de lazer etc.). Isso, porém, tem um custo alto, que poderá incidir no preço do produto final.

Aspectos econômico-financeiros
Além de tudo o que foi apresentado até agora, existe um aspecto que pode, sozinho, ser mais relevante que todos os outros: a tarifação de impostos.

Atualmente, alguns impostos têm tarifas diferenciadas em função da localização: O ICMS varia por estados; o ISS varia por cidades e muitas vezes a diferença de tarifação, que incide diretamente no preço do produto, faz com que empresas ganhem ou percam competitividade em função de sua localização. Logo, essa decisão é fundamental e deve ser tomada sempre em função das vantagens competitivas que estão associadas a ela.

Além disso, o abastecimento de energia, água, gás e telecomunicações deve ser bem observado porque planos contingenciais para esses problemas costumam ser muito caros (geradores, caminhões de água, antenas etc.).

E deve-se, também, pensar na segurança da região (que pode implicar aumento de custos para vigilância, preservação do patrimônio), na proteção contra intempéries (chuvas, enchentes, ventos etc.) e na infraestrutura de serviços públicos (bombeiros, polícia, hospital, correio).

Todos esses aspectos observados à luz do negócio que se pretende montar darão uma boa indicação do local ideal para seu empreendimento.

Legislação ambiental

Segundo Uwe Baufeldt, a finalidade da proteção do meio ambiente é conservar a base da vida natural, manter o meio ambiente intacto e conservar o ecossistema; sem regulamentos esses objetivos não são realizáveis. Por isso, foi criada uma série de leis e decretos que tratam de remoção de lixo, proteção às águas, pureza da atmosfera, proteção das instalações e dos trabalhadores, segurança da produção, proteção ao consumidor, além de outras medidas protetoras.

O licenciamento ambiental é o procedimento administrativo por meio do qual o órgão competente licencia a localização, a instalação, a ampliação e a operação dos empreendimentos e atividades que utilizam recursos ambientais, ou que são efetiva ou potencialmente poluidores, ou, ainda, que de alguma forma podem impactar o meio ambiente. Para exemplificar vamos apresentar como são os procedimentos no estado de São Paulo.

A Companhia de Tecnologia de Saneamento Ambiental (Cetesb) vê nas empresas gráficas riscos potenciais de poluição. Segundo a legislação, as atividades desse segmento geram resíduos sólidos denominados Classe I (conforme norma ABNT 10004) e resíduos líquidos altamente poluidores, que não se enquadram no padrão de lançamento de efluentes nos corpos d'água (conforme Decreto Estadual 8.468 de 8 de setembro de 1976). Das empresas com esse perfil, o órgão estadual exige garantias de destinação correta de resíduos, independentemente da sua quantidade. Segundo a legislação, o produtor é responsável pelos resíduos até a sua destinação final, mesmo que esses resíduos sejam reciclados ou coprocessados.

A regularização da situação perante a Cetesb se faz por meio do preenchimento de um formulário de solicitação de licença e de um Memorial de Caracterização do Empreendimento (MCE). Além disso, é necessário o pagamento de uma taxa de Licenciamento que varia de acordo com a área total da empresa.

O decreto Estadual nº 47.397, de 4 de dezembro de 2002, introduziu modificações significativas no licenciamento ambiental da Cetesb. Entre outras medidas, destaca-se o estabelecimento de prazos de validade para as licenças de operação e a obrigatoriedade de que todas as empresas do estado de São Paulo, sujeitas ao licenciamento pela Cetesb, regularizem sua situação requerendo a Licença de Operação renovável. Todas as empresas do estado geradoras de resíduos industriais devem adequar-se a esse decreto.

Além disso, toda empresa que se dedica a atividade potencialmente poluidora deve obter Certificado de Registro (CR) no "Cadastro Técnico Federal de Atividades Potencialmente Poluidoras e Utilizadoras de Recursos Ambientais" mantido pelo Instituto Brasileiro do Meio Ambiente e dos Recursos Naturais Renováveis (Ibama).

Configuração de uma indústria gráfica

Ao pensar na estruturação de uma indústria gráfica temos que considerar três grandes blocos a serem analisados/estruturados:
a) Comercialização dos produtos/serviços.
b) Industrialização dos produtos/serviços.
c) Funções de apoio (*staff*).

Vamos analisá-los individualmente.

Comercialização dos produtos/serviços

A empresa não existe se não houver venda. Na indústria gráfica esse processo tem duas características: 1) a venda de produto gráfico é uma venda técnica; 2) a venda de produto gráfico é quase sempre proveniente de um projeto específico (produção sob encomenda).

Portanto, será necessário uma equipe de vendas que conheça tecnicamente o produto a ser vendido e também o orçamentista, que é o projetista do produto gráfico e que em muitas ocasiões é fator crítico de sucesso no processo de comercialização.

Existem no mercado *softwares* especializados em orçamentação de produtos gráficos que podem ser boas ferramentas de apoio ao processo, mas que não substituem a necessidade de um bom orçamentista.

Industrialização de produtos/serviços

Podemos dividir o processo de produção em três grandes subitens: 1) pré-impressão, que vai do original do cliente até a matriz de impressão; 2) impressão; 3) acabamento, processos que vão da folha/caderno impresso ao produto final embalado.

É bastante comum (porém não absolutamente necessário) que a impressão seja a "alma" do processo. É para onde as maiores atenções e investimentos da empresa são focados.

A pré-impressão pode ser terceirizada (e aqui temos um grupo de empresas que se especializou nessa área para prestar serviços às gráficas ou diretamente aos clientes), mas, se não for a intenção, deve-se saber que o investimento é bem menor que o da impressão. Investe-se em computadores e equipamentos para execução de matrizes, sendo que o item mais relevante é o CTP. Porém o que é fator crítico na pré-impressão é a capacitação dos operadores, que fazem diferença na boa utilização dos recursos.

O acabamento tem a vantagem de permitir que várias atividades possam ser feitas manualmente, o que demanda menor investimento em equipamentos. Essa afirmação, porém, não vale quando os volumes começam a se tornar maiores, mas ainda assim resta a alternativa das terceirizações.

Para quem optar por ter acabamento interno, o fator crítico é a formação de equipes habilidosas e bem comandadas para executar as tarefas demandadas. Ter uma liderança que conheça tempos e métodos, montagem de linhas de produção e que saiba motivar uma equipe é fundamental.

Na impressão estão os maiores fatores de diferenciação competitiva e os maiores investimentos. Se falarmos de impressoras novas não é difícil nos referirmos a centenas de milhares (ou milhões) de reais. Existe um mercado de máquinas usadas que pode ser utilizado, porém requer toda uma série de cuidados para não investir capital em equipamentos obsoletos ou em más condições de uso. Também aqui a mão de obra especializada é fator crítico. Um bom impressor utiliza bem o recurso ganhando produtividade e desperdiçando pouca matéria-prima.

Funções de apoio (*Staff*)

Algumas atividades de apoio terão de ser feitas (e bem feitas) para que o empreendimento vá adiante. Não é necessário que existam setores ou pessoas específicas para cada uma dessas funções, porém quem estiver encarregado dessas tarefas deve saber o que faz e fazer bem feito. São elas:

Suporte técnico

É preciso que exista atenção especial para a qualidade e o desempenho das matérias-primas para a especificação e o controle dos materiais auxiliares e para o acompanhamento técnico do processo, além do suporte técnico às manutenções dos equipamentos. Todas essas atividades demandam um profissional altamente técnico e proativo. E o resultado do trabalho desse profissional é a tranquilidade ao grupo operacional para conseguir os índices de produtividade e qualidade necessários.

Programação de Produção (PCP)

O sequenciamento da produção é fator fundamental de sucesso no atendimento aos clientes. Executar essa tarefa com competência produz menos "tempos mortos" nos setores da produção e se obtém o melhor resultado dos recursos produtivos. O profissional que executa essa tarefa deve conhecer profundamente os produtos da empresa, conhecer os recursos produtivos e dominar os seus fluxos, pois sua missão é conciliar tecnicamente o possível e o desejável.

Compras
É muito comum ouvir que as empresas conseguem mais lucro, atualmente, comprando do que vendendo, por causa do altíssimo grau de concorrência dos mercados. Logo, a atividade de compra deve ser feita com a maior competência possível, além da óbvia necessidade de confiança nessas atividades. É bastante comum que os próprios empresários assumam essa atividade nas empresas, pelo menos em seus principais materiais.

Administração de estoques
Um aspecto bastante relevante para as empresas, e em particular para empresas em início de vida, é o capital de giro. E os estoques são fatores muito influentes nesse quesito. Deve-se administrar o estoque com muita atenção, e a regra de ouro para o sucesso é ter o menor estoque possível desde que não se coloque em risco a continuidade da operação. Essa tarefa não é das mais fáceis. Por isso, contar com a competência de alguém nessa área é vital. Existem pessoas no mercado com conhecimentos na área, mas é recomendável que quem cuide desse processo tenha um bom conhecimento do processo industrial com o objetivo de definir claramente quais itens devem estar em estoque, qual deve ser o estoque mínimo e qual deve ser o lote de compra. Se a decisão da empresa for usar recurso humano interno, é extremamente recomendável que essa pessoa seja capacitada para a função.

Expedição
Esse processo de apoio pode parecer muito simples, mas ele envolve alguns aspectos bastante importantes para a empresa: a decisão de ter veículos próprios ou terceirizar o processo e a ligação com as áreas de faturamento e com a produção da empresa. Note-se aqui que a expedição pode funcionar como o "representante do cliente" para a produção. A expedição tem as datas de entrega e pode, junto com o PCP, estimular a produção para atender os prazos solicitados. Além disso, tem a possibilidade, por meio das entregas, de ter contato direto com o cliente e ajudar a empresa com uma avaliação inicial do cliente logo após a entrega.

Recursos Humanos (DP, Treinamentos, Contratações etc.)
Aqui falamos da essência de uma empresa. As empresas são compostas de pessoas e o sucesso do empreendimento está totalmente ligado ao sucesso de seus componentes. É indispensável que as empresas contratem bem, capacitem seus funcionários e criem para eles o ambiente adequado para tornar seu desempenho o melhor possível. É uma tarefa que exige conhecimento, sensibilidade e atenção e que, se não for bem efetuada, pode colocar em risco todo o empreendimento, mesmo que todo o resto seja feito com perfeição.

Suporte administrativo
O papel da administração em uma empresa, no estágio inicial, é equilibrar o entusiasmo dos empreendedores que só veem a parte boa do negócio. Por definição, os empreendedores são otimistas e é necessário que alguém equilibre essa equação para que as decisões do dia a dia não sejam atabalhoadas ou ousadas demais. É preciso dar um passo de cada vez e com sabedoria. E esse é o papel da administração: dar uma palavra fria, fruto de uma análise com foco em finanças, para dar suporte ao processo de crescimento da empresa. É fundamental que a administração tenha um mínimo de força política na estrutura para poder gerar discussões saudáveis e equilibradas sobre os passos que o empreendimento deve dar.

Contabilidade/Fiscal
Aqui, a grande decisão a tomar é se o processo deve ser feito pela própria empresa ou deve ser terceirizado. Usualmente, começa-se com o processo nas mãos de terceiros e, à medida que a empresa cresce, avalia-se periodicamente as vantagens e desvantagens de ter o processo executado internamente.

Marketing e vendas

O início de qualquer empreendimento começa com o relacionamento com o cliente, ou melhor, com a venda. Logo, este é o primeiro tema a ser tratado após a estruturação da empresa.

a) O que é venda?

Venda é a técnica de troca que visa convencer o cliente a trocar o seu dinheiro por um produto ou serviço. A venda no setor gráfico caracteriza-se por uma relação de negócio para negócio, conhecida como *Business to Business* (B2B). Por essa razão, a venda pessoal é muito importante.

No ramo gráfico, costuma-se utilizar a administração de carteira para a gestão de vendas, ou seja, cada vendedor administra uma carteira de clientes. O quadro a seguir mostra, de maneira resumida, os passos para uma boa venda.

Quadro 2.1 OS PASSOS PARA UM BOA VENDA

PASSOS DA VENDA	DESCRIÇÃO
Prospecção	É fundamental saber quem É e quem Não É um potencial cliente. Hoje, o mercado é segmentado, e, antes de ir a campo vender, é preciso saber claramente quem são os potenciais clientes, por que eles compram, como eles compram, onde eles compram, quando eles compram etc.
Abordagem inicial	Esta é a etapa da qual a maioria dos vendedores reclama – é a etapa em que a ansiedade vem à tona e é o trabalho que a maioria dos profissionais de vendas não gosta de fazer. O primeiro contato com o cliente! A palavra-chave é *investigação*. Saber quem realmente decide, quem especifica o produto, quem compra, quem usa, e assim por diante. Nesta etapa, é preciso obter a maior quantidade possível de informações de um potencial cliente, de forma que seja possível entender as suas necessidades, problemas e desejos.
Planejamento da solução	Inicie identificando quem são os interlocutores dos clientes e seu papel no processo de compra: iniciador, comprador, usuário, influenciador, decisor. Revise as informações que a empresa possui do cliente e de sua necessidade. Obtenha informações adicionais, se necessário. *Nunca construa uma proposta com informações insuficientes ou pouco claras.*

Passos da venda	Descrição
Preparando e apresentando a proposta	Prepare sua oferta levando em consideração os atributos de seu produto que o cliente mais valoriza, e as fortalezas e fraquezas da concorrência. Liste as principais objeções que o cliente possa colocar e como você pode superá-las.
	A proposta e a sua apresentação devem ser feitas na linguagem do cliente, de forma lógica, clara e criativa. Deve ficar claro que a proposta da empresa efetivamente soluciona a necessidade/problema do cliente. Não esqueça: *deve-se* acreditar em sua própria proposta.
Negociando e superando objeções	Esta fase é que traz mais ansiedade nos vendedores e compradores. Quando se entra na fase de negociação é porque o comprador está convencido de que deve comprar desse fornecedor.
	O cliente, às vezes, parte direto para a negociação, quando ao final da proposta ele pergunta: qual o preço?
	Faça sua MANA: Melhor Alternativa de Negociar um Acordo, dentro de uma filosofia de Ganha x Ganha e trabalhe com esse objetivo.
Fechamento	A fase de fechamento, na realidade, não é bem uma fase, mas um momento da venda. Ela acontece quando o cliente está sem objeções e sem dúvidas em relação à proposta e, portanto, pronto a selar um acordo.
	Ao verificar que o fechamento está feito, faça um resumo de toda a proposta e da negociação. Formalize o fechamento da venda em um pedido ou assinatura em proposta e um aperto de mão cumprimentando pela decisão e pelo prazer em tê-lo como cliente.
	Encerre a entrevista e imediatamente tome as providências para que o que foi acordado seja efetivamente realizado.

Passos da venda	Descrição
Pós-venda	Nunca abandone um cliente. Verifique pessoalmente se o que foi acordado com o cliente foi efetivamente realizado. Faça contato com o cliente para saber de sua satisfação e colocar-se a disposição dele para outras necessidades.
	Avise-o antecipadamente se algo que foi acordado não puder ser realizado – é melhor avisar que algo será diferente do acordado do que ter um cliente reclamando. Nesse caso, dê algum tipo de compensação. Visite periodicamente o cliente para saber de suas novas necessidades.

Fonte: CHAGAS, 2001(Adaptado).

b) O que é marketing?

Marketing é o processo gerencial que se preocupa em conquistar e manter clientes. Em razão do aumento da concorrência, num mercado globalizado, o empresário viu-se obrigado a voltar sua atenção, cada vez mais, para a competitividade de sua empresa e percebeu que para se manter nesse mercado competitivo necessita de um processo consistente de gestão. Esse processo deve contemplar os diversos subsistemas empresariais, com o objetivo de ajudar a empresa a cumprir sua missão.

A gestão do *marketing* passa pelo mesmo processo, após definida a missão da empresa e seus objetivos gerais. O processo de *marketing*, segundo Kotler & Armstrong[2], está dividido em quatro partes, sendo:

1ª) Analisar as oportunidades de *marketing*.
2ª) Selecionar os consumidores-alvo.
3ª) Desenvolver o *mix* de *marketing*.
4ª) Administrar o esforço de *marketing*.

Os quatro tópicos mostrados servem de orientação na estrutura do processo de *marketing* que utiliza o conceito do *Marketing Mix* ou como ficou conhecido "os 4 Ps do *Marketing*", que combinam os elementos variáveis

---

2. KOTLER, Philip e ARMSTRONG, Gary. *Introdução de Marketing*. São Paulo: LTC, 1999.

das atividades do *Marketing* (Produto, Preço, Promoção e Praça ou Ponto de Venda).

Na variável Produto estão envolvidas as decisões referentes às especificações técnicas, diferenciais competitivos, embalagem, conceito de marca etc. Na indústria gráfica, que abrange negócios entre empresas, este processo implica na criação de valor para o cliente por meio da prestação de serviços adicionais que complementam os processos tradicionais de impressão e acabamento.

Na variável Preço, estão as decisões que encerram, além da definição do valor a ser cobrado, aspectos ligados a condições de pagamento e outras condições comerciais.

Na variável Promoção, estão as decisões sobre a forma como os produtos/serviços serão divulgados, quer sejam anúncios, folhetos, sites, e-mail *marketing* ou redes sociais.

E na variável Praça, estão as decisões que abrangem a atuação da empresa por meio de seus canais de distribuição, que pode ser local, regional, nacional e, atualmente, podemos incluir também a abrangência "virtual".

Processos e equipamentos

Como já foi mencionado no aspecto estratégico da estruturação da empresa, o fundamental é que se defina o produto que o mercado precisa. A definição do processo industrial para a execução do produto e por consequência o equipamento adequado para a sua execução são decisões secundárias, resultantes da visão estratégica do empreendimento.

É relevante assinalar isso, pois corre-se o risco de que o processo de efetivação da empresa seja feito no sentido inverso, ou seja, o candidato a empreendedor conhece um processo, sabe como se opera determinado equipamento e entende que são condições suficientes para abrir uma empresa.

Isso só deve ser feito se, com tais condições, houver certeza de que existam lacunas estratégicas que seus produtos possam preencher, atendendo aos anseios de seus futuros clientes com um diferencial em relação à concorrência. No entanto, independentemente desta decisão inicial, sempre haverá processos adicionais e equipamentos a serem incorporados na empresa. É preciso, então, decidir quais processos devem ser internalizados e quais equipamentos devem ser comprados.

Com relação aos processos, a pergunta fundamental a ser feita é a seguinte: "Deve-se executar os processos tradicionais ou estabelecer processos inovadores?". Sob a ótica do *marketing*, sempre será mais interessante que se adotem processos inovadores, porém cabe ressaltar alguns aspectos para auxiliar nessa tomada de decisão:

- Os processos inovadores já foram testados no mercado ou é apenas o *feeling* do empreendedor que está mostrando que esse processo será bem aceito? Aqui a recomendação é de que se teste a inovação por meio de modelos ou lotes piloto antes da adoção do processo na empresa, com seus respectivos investimentos em equipamentos, materiais, pessoal etc. Mostre a inovação para os clientes potenciais; ouça atentamente a avaliação deles e só em caso de certeza praticamente absoluta de sucesso, deve-se iniciar o empreendimento de forma totalmente inovadora. Talvez uma boa alternativa, se houver dúvidas, seria começar com processos tradicionais e introduzir as inovações de acordo com a aceitação do mercado.
- Além disso, você tem certeza de como processará, de forma industrial, o processo? Não corre o risco de prometer algo que, se for sucesso, passará a ser um problema por incapacidade de atender adequadamente aos clientes?

E com relação aos equipamentos a pergunta chave é: "Compro equipamentos novos ou usados?" A lógica inicial diria que se devem comprar equipamentos novos, porém o mercado de usados pode ser interessante e adequado à sua capacidade de investimento. Alguns cuidados devem ser tomados ao se comprar equipamentos usados:

- Prefira comprar equipamentos que estão em operação. Veja os equipamentos operando e, se você não conhece o processo, recorra a algum especialista para analisar o equipamento em operação.
- Prefira comprar equipamentos de empresas que dão alguma garantia e assistência técnica.

- Peça sempre para que toda a documentação técnica acompanhe a máquina. Os manuais de operação, instalação e manutenção são sempre muito úteis, principalmente em equipamentos com certa idade e com mais de uma instalação em seu histórico.
- É interessante levar um mecânico e um eletricista de confiança para avaliar o equipamento ainda em operação, de modo que eles possam dar uma ideia do investimento adicional necessário para deixar o equipamento totalmente em condições de operar na empresa. Lembre-se de que, no momento em que alguém resolve vender um equipamento, é natural que os cuidados com manutenção sejam menores e alguns problemas possam surgir.
- O processo de reinstalação do equipamento é vital para o sucesso da compra de um usado. Entregue a desmontagem e remontagem do equipamento a profissionais altamente especializados e que garantam o trabalho.

Administração financeira

A administração financeira da indústria gráfica ou de qualquer outro negócio é uma parte delicada da gestão empresarial. Ela deve ter alguns focos bem definidos dentro da empresa. Os principais são:

- Controle de pagamentos (contas a pagar).
- Controle de contas a receber.
- Planejamento dos recursos e dos fluxos financeiros.

A administração financeira não precisa se preocupar com o registro histórico das entradas e saídas que ocorreram na empresa durante determinado período, na verdade, isso é preocupação da contabilidade, mas é preciso se preocupar com os recebimentos e pagamentos que devem ocorrer independentemente de períodos de registro.

O relatório mais importante do departamento financeiro é o fluxo de caixa. Ele deve ser o guia do administrador financeiro para a tomada de decisão. O fluxo de caixa deve ser alimentado diariamente, para que o administrador financeiro tenha sempre uma visão do que está acontecendo e do que acontecerá em termos financeiros dentro da empresa. Dessa maneira, é possível prever as necessidades de tomada de recursos, analisar possíveis investimentos, aplicações financeiras ou ainda compras de matéria-prima ou de insumos de produção.

NOTA: *É muito comum, em pequenas empresas, o empresário misturar a conta pessoal com a conta da empresa. Isso causa um grande descontrole nas duas contas e provoca distorções nas análises dos resultados financeiros da empresa. Evite essa prática: o dono da empresa tem o direito de tirar o pró-labore da empresa, já que ele é o proprietário. Faça isso por meio de créditos na conta-corrente para pagar os compromissos assumidos como pessoa física, sem misturar com as conta a pagar da empresa. Caso a empresa precise de um aporte de capital (mais dinheiro dos sócios), use o mesmo conceito, credite o dinheiro na conta-corrente da empresa. Essa maneira de administrar as finanças da empresa mostrará que ela é bem gerida e que seus sócios sabem o que estão fazendo. Principalmente quando o assunto é dinheiro, essa forma de agir torna mais fácil a negociação com os bancos e fornecedores.*

Como negociar com os bancos

Vamos entender uma coisa, banco nenhum empresta dinheiro sem garantias e sem avaliar uma empresa e seus sócios, pois ele está arriscando o seu capital para financiar outro, e isso sempre tem um risco, que precisa ser remunerado. Então vamos entender como o banco pensa, em 11 perguntas:

1. Para quem eu vou emprestar?
2. O que ele faz? E como ele faz?
3. Ele é competente no que faz ?
4. Há quanto tempo ele faz?
5. Qual a sua formação?
6. Na falta do titular, quem vai tocar a empresa?
7. Os sócios possuem bens pessoais?
8. Quais garantias são oferecidas?
9. No caso de financiamento de bens, a empresa tem capacidade de pagamento? E em caso de devolução do bem, será fácil revendê-lo?

10. Os dados fornecidos pelo cliente foram confirmados?
11. O que ele vai fazer com esse crédito?

Para responder a essas perguntas de maneira a convencer um provável futuro credor é necessário entender seu negócio. O que você espera dele? Dicas para ajudar na resposta:

1. Seja honesto com o seu gerente de contas, mas não seja ingênuo.
2. Fale de sua experiência na área e sua educação formal (quando for relevante).
3. Seja ativo dentro da empresa e demonstre conhecer o que está acontecendo com ela.
4. Não compre produtos e serviços do banco que não são feitos para o seu perfil de cliente apenas para agradar o gerente, troque por produtos/serviços que realmente sejam necessários.
5. Evite pedir empréstimos de última hora no final do dia. Isso demonstra desorganização financeira e pode aumentar a taxa de juros.

Fluxo de caixa

Para o empresário gráfico, o relatório financeiro mais importante é o fluxo de caixa, que reflete o que acontece com as contas a pagar e a receber da empresa todos os dia. O exemplo a seguir mostra uma planilha que pode servir de modelo para qualquer empresa, porém, como cada empresa tem sua própria característica que deve ser respeitada, a planilha tem de ser adaptada de acordo com a necessidade.

Histórico / Dias	1	2	...	28	29	30
Saldo inicial						
Venda à vista						
Duplicatas a receber						
Entrada de caixa/ empréstimos						
Total						
Pagamentos						
Fornecedores						
Empréstimos						
Tributos a recolher						
Comissão a pagar						
Salários a pagar						
Luz/água/telefone						
Saldo final						

Modelo de Fluxo de Caixa
Como utilizar o Fluxo de Caixa
- A primeira linha do fluxo de caixa refere-se ao saldo do dia anterior.
- O primeiro bloco de contas refere-se aos recebimentos diários da empresa.
- O segundo bloco de contas refere-se às contas a pagar que também devem ser lançadas diariamente.
- A última linha informará o saldo final diário da empresa, que deverá ser o saldo do início do dia seguinte.

Esse relatório permite uma boa análise sobre o que aconteceu no mês anterior e revela em que é possível ser mais eficaz, basta analisar conta por conta do fluxo de caixa. Ele também possibilitará antever as necessidades de tomada de recursos junto a bancos, facilitando a tomada de decisão e a negociação com as casas bancárias.

Exemplos de relatórios

Histórico/Dias	Valores em R$	% de Participação
Saldo inicial	R$ 1.000,00	1,32
Venda à vista	R$ 5.000,00	6,58
Duplicatas a receber	R$ 60.000,00	78,95
Entrada de caixa/empréstimos	R$ 10.000,00	13,16
Total	R$ 76.000,00	100,00
		0,00
Pagamentos		0,00
Fornecedores	R$ 20.000,00	26,32
Empréstimos	R$ 10.700,00	14,08
Tributos a recolher	R$ 15.000,00	19,74
Comissão a pagar	R$ 7.000,00	9,21
Salários a pagar	R$ 11.000,00	14,47
Luz/água/telefone	R$ 2.500,00	3,29
Total de gastos	R$ 66.200,00	87,11
Saldo final	R$ 9.800,00	**12,89**

Esse exemplo de relatório simples foi retirado do fluxo de caixa e permite identificar quais contas de receita são mais significativas na receita total. Mostra também o porcentual de participação de cada conta de gasto relacionada no fluxo de caixa. Com isso é possível colocar em prática ações para reduzir os gastos.

Quando montamos uma empresa, temos como objetivo o retorno do capital investido, retorno que ocorre por meio do lucro que as operações da empresa terão. Medir esse retorno é muito importante para o empresário, pois é assim que se avalia a viabilidade de uma empresa e/ou de um projeto de investimento.

O *Return on Investment* ROI (Retorno do Investimento) é *índice financeiro* que mede o retorno de determinado *investimento* realizado e contabilizado nos meses em que ele será *amortizado* para então começar a trazer *lucros*.

Metodologias de cálculo

O cálculo do ROI possui diversas metodologias, algumas simples, outras não. A seguir estão algumas das mais conhecidas e facilmente encontradas em livros de contabilidade, economia e finanças. Cada metodologia varia em função da finalidade ou do enfoque que se deseja dar ao resultado.

- **ROI = Lucro Líquido ÷ Total de Ativos**

    Representa o retorno que o Ativo Total empregado oferece. Utilizado geralmente para determinar o retorno de uma empresa. Oferece como resultado o valor porcentual.

    Exemplo:

    ROI da relação entre o total de ativo empregado e o lucro líquido obtido = R$ 89.080,00/R$ 627.080,00.

    O resultado é 0,14, ou seja, todo o empenho do total de ativo trouxe um lucro líquido de 14% no período.

- **ROI = Lucro Líquido ÷ Investimentos**

    Representa o retorno que determinado investimento oferece. Geralmente utilizado para determinar o retorno de investimentos isolados. Retorna o valor porcentual desse investimento. Invertendo-se a relação (ROI = Investimento ÷ Lucro Líquido), obtém-se o tempo necessário para reaver o capital investido.

    Exemplo:

    Se o investimento total de uma maquina é de R$ 300.000,00 e o lucro mensal dessa máquina é de R$ 20.000,00, teremos o seguinte: ROI = R$ 20.000,00 ÷ R$ 300.000,00. O resultado mostra que teremos um retorno de 0,06 ou 6%.

    Usando a formula de *payback* simples, teremos: ROI = Investimento ÷ Lucro Líquido = R$ 300.000,00 ÷ R$ 20.000,00, o resultado nos mostra que levará 15 meses para a máquina ser paga.

Um processo contínuo

Por tudo que foi apresentado, é fácil concluir que montar uma empresa gráfica não é uma tarefa muito simples. Devemos nos preparar para essa nova fase, devemos nos capacitar para ser empresários e devemos nos cercar de pessoas competentes em diversas áreas para ter o suporte necessário ao bom andamento da empresa.

É importante também lembrar que esse processo, após ser iniciado, nunca termina. A empresa é um organismo vivo que precisa de cuidados constantemente. O empresário deve buscar um aprimoramento constante para gerir o seu negócio de modo eficiente e alinhado com as mais recentes técnicas de gestão do mercado.

O QUE É SER EMPRESÁRIO GRÁFICO

Se pensarmos em um perfil adequado para um empresário gráfico, certamente ele deve possuir habilidades como conhecer muito bem o ramo de negócios em que atua, ter espírito empreendedor, ter bons conceitos de estratégia, ter afinidade com a área administrativa e financeira, ter perfil de liderança, enfim, ser uma pessoa que administra o presente com um olhar para o futuro.

No entanto, mesmo para pessoas que tenham um perfil parecido, o sucesso pode estar atrelado à outra variável, que põe em risco todas as características de seu perfil: a administração do tempo. É fundamental que um empresário tenha muito claro qual é a sua "descrição de cargo" e administre bem o tempo para exercer na plenitude as suas funções.

Porém a realidade parece ser um pouco diferente...

A falta de tempo é um problema crônico nas empresas. A todo momento as pessoas se queixam de que o dia passa muito rápido e nada foi feito. Quando enfocamos a figura do empresário, a situação é ainda mais grave. Ele está sempre correndo, falando com várias pessoas ao mesmo tempo, tomando decisões urgentes e "apagando incêndios" (que provavelmente ocorreram em função de algum efeito colateral das decisões urgentes tomadas no dia anterior). Surge um círculo vicioso que sufoca o empresário, faz sua qualidade de atuação cair e, em muitos casos, afeta, inclusive, sua saúde. Essa situação prejudica também toda a estrutura da empresa, que sofre os efeitos da administração atabalhoada e imprecisa.

No entanto, qual é a solução para esse problema? Os empresários, muitas vezes, têm consciência dessa questão, porém simplesmente não conseguem resolvê-la. O objetivo deste tópico é identificar alguns dos fatores "tomadores de tempo" e propor uma "descrição de cargo" do empresário, ou seja, identificar quais são as únicas atividades para as quais ele deveria dedicar o seu tempo.

Em primeiro lugar, vamos entender por que tantas pessoas precisam falar com o dono para realizar o seu trabalho. Podemos identificar três situações básicas que fazem as pessoas procurarem o empresário para tomar as suas decisões.

A primeira provém de uma ordem expressa pelo próprio empresário: "Não façam nada sem falar comigo". As pessoas simplesmente obedecem. Logo, se quisermos acabar com esse elemento tomador de tempo, precisamos entender a origem dessa ordem.

A questão-chave é a confiança. O empresário tem uma equipe na qual não confia e, portanto, não se sente à vontade para delegar autoridade. Aqueles que deveriam ser os tomadores de decisão passam a ser apenas "organizadores de informação" para que o empresário decida. É preciso notar que não está em jogo, aqui, a competência dos funcionários em tomar decisões corretamente. A questão é que o próprio empresário não tem tempo já que exige que as decisões passem por ele.

Como solução, algumas vezes, os empresários organizam complexas agendas para poder "despachar" com os seus funcionários diretos. Observe que essa solução é apenas um típico ataque ao efeito e não à causa. A falta de confiança não muda com essas rotinas. Se o empresário quiser ganhar tempo, tem de conquistar a confiança de seu grupo.

A segunda situação que consome o tempo do empresário é a insegurança ou incompetência dos funcionários diretos na tomada de decisão. Quando, por qualquer razão, o funcionário hesita em tomar a decisão e encontra no empresário alguém com responsabilidade, cria-se uma situação muito desgastante para o líder e bastante confortável para o funcionário.

Repare que, se o empresário assume as decisões que o funcionário tomaria, o risco para ele vai a zero. Se der certo, foi o funcionário que propôs e se der errado foi o empresário que decidiu. Essa rotina pode criar voluntária ou involuntariamente uma situação muito tranquila para o funcionário, que não verá razão alguma para mudá-la. Se esse profissional tem medo e insegurança, ou se ele tem uma competência limitada para tomar decisões, essa forma de trabalhar passa a ser o melhor (e talvez o único) caminho para a estabilidade profissional e a aposentadoria sem problemas. Se o empresário não percebe essa "armadilha", essa rotina pode durar por anos.

Normalmente, o empreendedor gosta de decidir e de correr riscos, não tem problema com o excesso de trabalho e gosta de trazer para si a responsabilidade. Assim, quando algum colaborador apresenta algo para ele decidir, o líder assume facilmente a tarefa. Está montada a "armadilha".

A terceira situação é aquela em que as pessoas consultam o empresário porque realmente não fazem ideia de qual será a sua decisão. Por não existirem políticas claras e pelo fato de a cultura da empresa não estar corretamente difundida, as decisões são mais difíceis de serem tomadas. Logo, a única forma de se saber qual a melhor resolução é consultando o empresário em cada situação que se apresentar.

Quando os funcionários entendem a estrutura de decisão da companhia, conhecem os objetivos e as metas a serem alcançadas, a direção está dada e, portanto, as escolhas do dia a dia tornam-se mais fáceis.

Muitas vezes, esse problema se manifesta quando alguma decisão é tomada e posteriormente nota-se que, por desconhecimento de aspectos relevantes em relação ao tema, ela não era a correta, assim são necessários alguns remendos para melhorar o resultado. Quando isso ocorre é natural, e é até esperado, que da próxima vez exista uma consulta prévia.

Reparem que esses três fatores não são isolados. Em muitos casos, a falta de confiança pode fazer com que o funcionário se acomode na situação de não decidir, ou a falta de informação administrativa leve-o a tomar uma decisão inadequada, forçando o empresário à maior centralização nas decisões posteriores. Para atacar efetivamente as causas dos problemas e produzir "ganhadores de tempo", acreditamos que a descrição de cargo do empresário deve conter apenas três itens:

1) Organização da equipe.

Um líder é a pessoa que consegue obter resultados por meio do trabalho dos outros! Portanto, faz parte de sua atividade interagir com sua equipe. É óbvio, e isso pode ser checado com qualquer empreendedor, que o tipo de interação do líder com seus comandados depende de algumas características da equipe. Grupos diferentes demandam ações diferentes por parte da liderança, e essas ações exigirão desse indivíduo porções diferentes do seu tempo. Essa é a questão que se deve discutir.

A única forma que o líder tem para ganhar tempo com sua equipe é tornando-a autônoma. Uma equipe autônoma sabe analisar os problemas, identificar possibilidades e, acima de tudo, consegue tomar as decisões cabíveis a seu nível de autoridade, consultando seus pares ou superiores somente em situações em que a qualidade da decisão coletiva for melhor do que a individual. Dessa forma, a primeira grande missão de um líder é formar uma excelente equipe autônoma. É a primeira e a mais importante. O líder não deve pensar em outro objetivo enquanto este não tiver sido alcançado. A sua equipe é quem dará os subsídios e o tempo necessário para as novas etapas e conquistas.

Porém, essa tarefa, que é a mais importante, também é a mais difícil. Raramente se encontram pessoas prontas para ocupar os postos disponíveis. Muitas vezes o trabalho do líder será formar a sua equipe. Isso demandará tempo e muita dedicação. Só se percebe que temos efetivamente um colaborador autônomo quando notamos nele três características: confiança, competência e comprometimento. Tais aspectos devem ser moldados no colaborador para que ele se torne apto a conquistar a autonomia e ser um verdadeiro membro da equipe. Note-se que esse trabalho só pode ser terceirizado no aspecto da competência, por meio de cursos, visitas, treinamentos etc. As outras duas características só serão atingidas se houver um trabalho lado a lado do líder com o colaborador, criando confiança e motivação para atingir o comprometimento.

2) Contato com os clientes.

Teoricamente, ninguém deveria conhecer mais a empresa do que seu fundador. Ele sabe o que fez e para quem fez. Por esse motivo, também se espera que ninguém conheça os clientes melhor do que o dono. Em muitas situações é isso que se verifica. O dono efetua boas vendas (muitas vezes, as melhores), faz negociações interessantes e tem a habilidade e poder de dizer "não" quando necessário. No entanto, infelizmente, alguns se deixam levar pela rotina de suas fábricas e abandonam a segunda atividade mais importante de um empresário, que é estar em contato com seus clientes.

No mundo globalizado atual, as mudanças são cada vez mais intensas e frequentes. Um empresário que não conversa com seus clientes corre o risco de viver num mundo de negócios que já não existe mais. E, se o empresário se torna desatualizado e desinformado, suas ações erradas podem contaminar o trabalho de sua equipe, criando, no mínimo, uma confusão de direcionamento que pode atrapalhar ou até comprometer os resultados de sua empresa.

Todavia, que conversa é essa que o empresário deve ter com seus clientes? Ele não deve ir ao cliente para ser o empresário-vendedor, que só aparece quando os grandes pedidos estão em jogo. Da mesma forma, não pode assumir o papel de empresário-vítima, que só aparece para levar bronca, tampouco do empresário-bombeiro, que só aparece para "apagar incêndios".

Ele deve ser o empresário-empresário, que vai discutir com seu cliente como vão os negócios, quais as perspectivas políticas e econômicas do país e como elas podem afetar o negócio de ambos; discutir interesses empresariais comuns e discutir planos futuros de cada uma das empresas. Enfim, uma conversa estratégica.

Essa troca de ideias, feita com os principais clientes, deverá ser a base de um novo pensar estratégico da própria empresa. Como antever novas movimentações do mercado; como reagir a elas; como preparar a empresa e as pessoas para novos desafios. A nova visão dos clientes orienta a nova visão da empresa. E isso faz todo o sentido. Uma suposta descrição de função de um empresário é que ele deveria almoçar com um grande cliente ou *prospect*, pelo menos uma vez por semana! É a visão estratégica.

3) Contato com os funcionários.

A terceira, e não menos importante, missão do empresário é conversar com seus funcionários.

No livro *Organizational Culture and Leadership* o autor Edgard Schein diz que uma das maiores formas de transmissão de cultura de uma empresa é o que o empresário valoriza; o que ele repara e principalmente o que ele cobra. Portanto, cada vez que o empresário dedica tempo a conversar sobre qualquer coisa com seus funcionários, está transmitindo ou reforçando a cultura existente na empresa. E isso é muito importante.

Um empresário distante não reforça a cultura da empresa. E a cultura é a grande "bússola" para as pequenas decisões que todos tomam ao longo de seu dia de trabalho. Quando se sabe o que é certo, valorizado, cobrado, não existe razão para fazer o contrário, até porque todas as pessoas querem ter sucesso, querem ser bem-vistas. Agora, quando essa referência se perde, cada um fará o que achar melhor, em sua opinião.

De forma similar ao que foi dito em relação aos clientes, esses bate-papos não devem ser focados apenas em situações específicas, em pequenas cobranças, solicitações ou comentários. O empresário deve aproveitar cada momento em que consegue atrair a atenção de seus funcionários para atuar como educador. Reforçar as posturas adequadas, os procedimentos corretos, estimular o bom relacionamento entre colegas, mostrar a importância dos clientes e o quanto o bom atendimento a eles fortalece a empresa e seus funcionários. Em suma, mostrar o que pensa e o que espera de todos.

Outro aspecto interessante é trazer as conversas com os clientes para dentro da empresa. Os funcionários também devem saber o que os clientes comentaram com o empresário. Aspectos positivos e negativos, perspectivas para o futuro etc. Além disso, o diálogo com os funcionários é uma excelente oportunidade para medir o clima da empresa. Mais do que falar, o empresário precisa ouvir. Esse canal direto é fundamental, pois a informação vem direto das pessoas, sem interpretações nem ruídos, que frequentemente acontecem quando os fatos passam por várias pessoas de hierarquias diferentes e com interesses específicos, até chegar à liderança. Se a conversa com os clientes reflete a visão estratégica, o contato com os funcionários reflete a cultura da empresa.

Há, então, uma grande convicção de que, priorizando o seu tempo em formar a equipe, ouvir seus clientes e conversar com seus funcionários, o empresário conseguirá fazer com que a sua empresa ande de maneira mais independente e segura. O resultado é a redução de problemas, das urgências e a sobra de tempo. Essa sobra de tempo será muito bem utilizada se o empresário investi-la em melhorar ainda mais a sua equipe, conversar ainda mais com seus clientes e funcionários e também cuidar de sua saúde e de seu bem-estar.

Afinal, não existe lei ou regra que imponha que o empresário gráfico não pode ser uma pessoa tranquila, agradável, com tempo para sua empresa, sua família e seus afazeres pessoais. A tarefa é árdua, mas o sucesso só é atingido se for dado o primeiro passo.

Capítulo 3

Investimento contínuo – a capacidade de gerenciar recursos escassos

No livro *Administração de produção e operações*, os autores Henrique L. Correa e Carlos A. Correa definem a gestão de operações como

> *a atividade de gerenciamento estratégico de recursos escassos (humanos, tecnológicos, informacionais e outros); de sua interação; e dos processos que produzem e entregam produtos e serviços; visando atender a necessidade e/ou desejos de* **qualidade**, **tempo** *e* **custos** *de seus clientes e, além disso, deve também compatibilizar este objetivo com as necessidades de eficiência no uso dos recursos que os objetivos da organização requerem.* (grifos do autor)

A análise dessa definição nos faz entender que, para ser um gestor de sucesso, uma das características mais necessárias e relevantes é a capacidade de estabelecer prioridades. As carências são muitas, advindas dos mais diversos departamentos, todas elas com justificativas plausíveis; mas que demandam um volume de recursos maior do que a disponibilidade.

É nesse momento que a capacitação do gestor é posta à prova. Quem souber estabelecer prioridades da maneira estrategicamente mais eficaz criará diferenciais competitivos para a empresa. Para isso, é preciso adicionar a uma boa formação educacional e profissional uma boa rede de informações e, se possível, alguma experiência nesse tipo de problema.

Os textos a seguir discutem alguns desses aspectos nos quais a decisão de investimentos é fundamental e em que, certamente, a capacidade de priorização ajudará os gestores a tomar decisões.

As várias formas de pensar em investimentos na empresa gráfica[1]

Analisar um investimento não é uma das tarefas mais fáceis da empresa. Porém, nenhuma organização, seja ela pública ou privada, tem todos os recursos necessários para implementar os seus projetos de uma única vez. Por isso, é necessário elaborar um estudo de viabilidade para cada situação de investimento dentro da organização.

Para ter um bom projeto de investimento, antes é preciso ter uma empresa bem administrada e que conheça o mercado em que atua e/ou em que pretende atuar, e, é claro, conheça a si mesma.

Pensando em investimentos do ponto de vista financeiro

Antes de pensar em comprar uma nova máquina, é imperativo que se pense no seu objetivo maior. Planejar os caminhos futuros que se pretende trilhar com a empresa é a melhor maneira de começar uma análise de investimento. É necessário, primeiro, olhar para dentro da empresa e entendê-la como ela é hoje, olhar para o mercado em que a empresa está inserida e projetar os passos para atingir um objetivo definido.

A decisão de investir ou não deve ser tomada depois de uma longa discussão sobre os problemas organizacionais e a elaboração do planejamento e o orçamento da empresa.

Uma forma mais caseira para avaliar se a empresa precisa de investimentos é fazer uma análise dos orçamentos que foram perdidos em determinado período e analisar, junto com os vendedores, que razões levaram o cliente a fechar o pedido com outra empresa e não com a sua. Essa forma de análise não é muito técnica, porém serve como parâmetro da necessidade do mercado.

---

1. Com a colaboração de José Pires de Araújo Jr.

Ferramentas da análise de investimentos

Para análise de investimentos, certamente uma das ferramentas mais valiosas é o ROI, já citado antes e que nos mostrará financeiramente como vale a pena investir em determinado projeto.

ROI – principais metodologias

Existem diferentes maneiras de calcular o retorno do investimento. No livro *Análise de investimentos*, os autores Regis da Rocha Motta e Guilherme Marques Calôba apresentam as seguintes metodologias:

- **Payback** (Prazo de Recuperação do Investimento): é uma das metodologias mais simples de análise de investimentos. É calculado pela razão direta entre investimentos e receitas. Ele é muito utilizado como referência para julgar a atratividade relativa das opções de investimento, e, por sua simplicidade, deve ser encarado com reservas para análises mais complexas de alternativas de investimento. No entanto, também por sua simplicidade, é na prática uma das ferramentas mais usadas para a análise da compra de um equipamento, por exemplo.
- **Método do Valor Presente Líquido** (ou Valor Presente Líquido Descontado): tem como definição a soma algébrica de todos os fluxos de caixa descontados para o instante presente, a uma dada taxa de juros. Com isso, leva em consideração aspectos financeiros ao longo do tempo, resultando em uma análise melhor. A ideia é que, ao trazer todos os valores para o presente, se a somatória for positiva, o investimento é viável (teremos mais entradas do que saídas) e, se for negativa, não.
- **Taxa Interna de Retorno** (TIR): é um índice relativo que mede a rentabilidade do investimento por unidade de tempo (por exemplo: 20% ao ano), necessitando, para isso, que haja receitas envolvidas, assim como investimentos. Dada uma alternativa de investimento, se a taxa de retorno for maior que a Taxa Mínima de Atratividade do mercado, a alternativa merece consideração. Caso contrário, a alternativa será rejeitada.
- **Método do Custo Anual Equivalente:** esta técnica é geralmente empregada em alternativas que só envolvem custos, sem produzir receitas. Fica-

se com a opção que apresentar o menor custo anual equivalente, calculado a dada taxa mínima de atratividade.

As ferramentas de análise de investimentos mais usadas são: valor presente líquido (VPL), taxa interna de retorno (TIR) e *payback* descontado (tempo de retorno do investimento). Essas ferramentas devem ser utilizadas em conjunto e não isoladamente, pois isoladas podem levar a um erro na tomada de decisão. Em outras palavras, normalmente, as empresas devem escolher onde e como investir a partir da análise de vários projetos. Essas ferramentas mostrarão qual projeto de investimentos será mais viável e quais deverão ser preteridos.

É importante, também, assinalar que todas essas ferramentas estão apoiadas em fluxos de entrada (receitas) e saída (desembolsos ou despesas) de caixa, que servirão como base de dados para a análise do investimento. E tão ou mais importante do que a escolha da ferramenta será a forma como devemos tratar essa base de dados.

Para iniciar os cálculos da análise de investimentos é necessário identificar qual a taxa de atratividade da empresa. Essa taxa é calculada a partir da Demonstração de Resultado de Exercício (DRE) de dado período (normalmente é de um ano). A taxa de atratividade é a relação do lucro líquido com a receita bruta da empresa (total de vendas do período).

Formula: Taxa de atratividade = Lucro Líquido x 100 / Receita Bruta

Exemplo: Imagine que uma empresa possui uma receita bruta de R$ 2.400.000,00/ao ano e seu lucro líquido é de R$ 192.000,00, então teremos a seguinte situação:

Taxa de atratividade = 192.000,00 x 100 / 2.400.000,00
Taxa de atratividade = 0,08 ou 8 % a.a.

Essa taxa deverá ser considerada nos cálculos das ferramentas de análise, já que ela mostra quanto o empresário ou investidor teve de lucro pelas operações realizadas na empresa. É importante lembrar que um investimento deve ser planejado estrategicamente para atingir objetivos claros de aumento do valor da empresa e não para seguir uma tendência ou moda do mercado apenas.

Segundo Michael Porter, no livro *Estratégia competitiva*, uma empresa pode ter dois diferenciais competitivos: ou ela se difere por liderança em custo ou cria diferencial. Com base nessa acepção, é fácil concluir que a empresa deve se posicionar em relação ao caminho a ser tomado. Em outras palavras, quando pensamos em investimento em uma empresa, temos duas opções: ou queremos inovar ou queremos reduzir custo ao longo do tempo.

A estratégia da empresa

Como já vimos, investir exige uma visão sistêmica e, mais que isso, é necessário planejar antes de pensar em investir. O planejamento deve ser visto como a bússola da empresa, porém não pode engessá-la, pois as situações se alteram ao longo do tempo. O planejamento, portanto, orientará os gestores na definição de seus novos rumos.

A primeira preocupação de qualquer empreendimento deve ser o cliente, e pensando nisso é preciso identificar qual é o *mix* de *marketing* da empresa. Para isso, usamos os tradicionais "4Ps", conforme segue:

- **Produto** (tipos de serviços ou produtos gráficos que você pode fornecer ao seu cliente).
- **Preço** (o preço que você utilizará no mercado: alto, médio ou baixo).
- **Promoção** (a forma como você se comunicará com o mercado, há algum veículo de comunicação com o mercado?).
- **Ponto/Praça** (a localização da gráfica facilita a logística de distribuição, tanto para a compra quanto para a venda, e a entrega é eficiente: chega no horário solicitado pelo cliente).

Depois de identificar o mercado, é necessário definir qual a estratégia que se deve seguir para obter vantagem competitiva dentro do segmento de mercado. Em mercados industriais existe a tendência de utilizar a *escola do posicionamento*, que procura identificar os seguintes itens:

- Forças
- Fraquezas
- Ameaças
- Oportunidades

Essa maneira de pensar a empresa é conhecida como "Matriz SWOT" (SWOT são as iniciais das palavras força, fraqueza, oportunidade e ameaça, em inglês). Dessa forma, é possível identificar em que ponto a atuação deve se concentrar para ser mais competitiva no mercado. Estabelecidas essas condições, poderá então escolher ser líder em custo ou ser inovador.

A forma de pensar estrategicamente a partir da Matriz SWOT é de certa forma simples. Devemos reforçar e divulgar os nossos pontos fortes e resolver, dentro do possível, os nossos pontos fracos. Essa é a visão interna da Matriz.

Do ponto de vista externo, é preciso observar quais oportunidades o mercado pode oferecer, onde a empresa, com seus pontos fortes, pode alavancar novos negócios ou incrementar resultados nos negócios existentes. De forma contrária, devemos perceber que ameaças o mercado pode vir a apresentar que possam pôr em risco o progresso da empresa. Com a junção das visões interna e externa, a empresa cria seu foco de negócios atual e futuro e orienta as suas decisões estratégicas de negócio. O importante, mais uma vez, é que a base de informações que orientam essa análise seja a mais correta e confiável possível.

Na visão de Porter, as duas estratégias básicas de negócio (liderança por custo ou criação de diferencial) são passíveis de ser implantadas, dependendo da visão de cada empresa. No entanto, o mais importante é saber se o cliente percebe valor nos investimentos que foram feitos na empresa e se ele está satisfeito ou insatisfeito, pois esse é o melhor índice de medição que a empresa pode ter.

Pensando em investimentos do ponto de vista estratégico da produção

Na análise de investimentos do ponto de vista da produção, deve-se pensar na questão da priorização, necessária diante das inúmeras possibilidades de investimentos em contraposição às limitações dos recursos financeiros disponíveis.

Priorização é a palavra-chave. Devemos estabelecer critérios para a análise das necessidades das diversas áreas da empresa e priorizar aquelas que estejam coerentes com a visão estratégica da empresa e com as metas estabelecidas para os próximos períodos.

A determinação desses critérios de análise é, portanto, fator crítico de sucesso para a boa escolha dos investimentos futuros. Vamos descrever, a seguir, um modo de estabelecer esses critérios apoiado em uma teoria bastante aceita nos meios de produção: a Teoria das Restrições.

A teoria foi desenvolvida por Eliyahu Goldratt e apresentada inicialmente no livro *A meta*, em que, muito didaticamente, nos mostra uma visão até então pouco tradicional de encarar o fluxo de produção em uma empresa, de avaliar os resultados de produtividade da fábrica e também os resultados econômico-financeiros da empresa.

É da Teoria das Restrições o conceito de gargalos de produção, utilizado por muitas empresas para orientar decisões nas áreas de programação, suprimentos e análise de resultados. Para analisar as propostas de investimentos utilizando essa teoria é preciso recorrer aos três fatores de avaliação que ela propõe:

- Lucro Líquido;
- Retorno sobre Investimentos;
- Fluxo de Caixa.

Entretanto, os medidores práticos para otimizar esses três itens e, consequentemente, alcançar a meta, são:

- Aumentar as Vendas;
- Reduzir o Inventário;
- Diminuir a Despesa Operacional.

Esse é o foco para analisar e priorizar as nossas necessidades de investimento. Os investimentos que *efetivamente* contribuem para melhorar um ou mais medidores ajudarão a melhorar os resultados e, por conseguinte, nos levarão à meta que é, em última instância, "ganhar dinheiro".

Vamos, então, analisar cada um desses medidores e verificar, na prática, como a nossa proposta de investimento pode contribuir para a sua melhoria.

Aumentar as vendas

Aqui está a primeira "armadilha" da análise de investimentos com foco na produção. Reparem que o título deste tópico não é "aumentar a capacidade" nem "aumentar a disponibilidade". Estamos falando realmente de aumentar as vendas, isto é, produzir algo que não estava sendo produzido; estamos falando de incremento real no volume de produção, nos produtos expedidos e no faturamento.

Em um primeiro momento o trabalhador da área de produção pode pensar: "Ora, o meu problema é tornar disponível a capacidade, e preenchê-la é problema da área comercial, certo?". Errado. Quando o assunto é priorizar investimentos, a análise não pode ser feita de maneira fragmentada, pois a compra de um equipamento pode implicar a desistência da compra de outro. Essa é a razão para que o estudo seja multidepartamental, pois, nesse caso, a soma dos ótimos isolados não resulta em um ótimo global.

Essa análise geralmente traz de positivo equipamentos com inovações tecnológicas com grande possibilidade de aceitação no mercado; equipamentos, acessórios ou dispositivos que aumentam a capacidade das linhas dos produtos mais aceitos, mais vendidos ou mais diferenciados da empresa; equipamentos ou sistemas que agreguem valor ao produto principal; equipamentos ou sistemas que permitam agregar serviços ao produto principal etc.

O conceito que norteia a decisão de investimento, com foco em *aumento de vendas*, é da tecnologia aplicada visando ao retorno em aumento da satisfação do cliente, que se reflete em crescimento no faturamento da empresa.

Redução do inventário

No plano da produção, a redução de inventário se reflete basicamente em um aspecto: a redução de *lead times*. Em um linguajar bastante prático, a redução do *lead time* é necessária por transformar mais rapidamente o dinheiro dos custos (que sai) em dinheiro de faturamento (que entra). O resultado disso é uma redução na necessidade de capital de giro, e, dependendo do nível de redução alcançado, pode-se falar também em redução de áreas de estoques intermediários. Isso sem contar que a redução no tempo de fabricação do produto tem sido fator de diferenciação competitiva no mercado. Os clientes estão cada vez mais exigentes e querem seus produtos entregues em menos tempo.

A redução de *lead time* pode ocorrer de modo prático na fábrica mediante a junção de processos ou da redução dos tempos de acerto e ajuste (*set up*). Dessa forma, investimentos que associem várias etapas do processo em um só equipamento são bastante interessantes, assim como tecnologias que reduzam o número de etapas dos processos. É interessante ressaltar que, se não existe mercado adicional para esses produtos (vide o item anterior), é recomendável que o investimento seja feito na forma de substituição de processos, caso em que o equipamento anterior pode servir como parte de pagamento do novo.

Sobre a redução do *set up*, cabe aqui uma pequena avaliação do mercado gráfico mundial e, particularmente, do brasileiro. O mundo caminha para informações cada vez mais dirigidas ao receptor. Em um mundo de informações abundantes e excessivas, a disputa pela atenção do consumidor/leitor é intensa. Logo, busca-se oferecer a informação certa na hora certa e na quantidade certa. Essa situação se reflete industrialmente em tiragens cada vez menores e, portanto, mais e mais *set ups*. No Brasil, que tradicionalmente já tem uma característica de tiragens baixas, esse fenômeno reduz nossas tiragens a níveis muito baixos.

Portanto, qualquer mudança na redução dos *set ups* reflete-se muito intensamente no *lead time* total do produto. É baseado nessas premissas que investimentos em equipamentos com *set ups* mais rápidos, dispositivos de troca rápida, equipamentos de pré-ajuste etc. tendem a ter uma importância interessante no resultado da fábrica e merecem atenção.

Diminuir a despesa operacional

Este é um item que aparentemente não deveria trazer dúvidas, pois é o que todo mundo está procurando: a redução de custos. No entanto, não é tão simples quanto parece. Em muitos cálculos de "ganhos de custos", a única coisa que se consegue é ganhar horas-máquina. Adota-se o custo da hora-máquina da empresa; multiplica-se pela quantidade de horas economizadas e pronto! Aqui temos a nossa economia.

Esse cálculo tem um erro conceitual gravíssimo, pois essa economia só é real se, de fato, conseguir ocupar as horas economizadas. Caso contrário, só aumentará a ociosidade.

O que deve ser realmente considerado é a economia real ocorrida; quanto gastaremos a menos para fazer o mesmo produto. Isso normalmente se reflete em redução de consumo de matérias-primas ou materiais auxiliares e redução dos custos de mão de obra. Não se pode, em hipótese alguma, considerar reduções "potenciais" de custo. É preciso trabalhar com dados palpáveis.

Enquadram-se nesse item equipamentos com tecnologia que facilitam a operação, requerendo menos pessoas ou pessoas menos habilitadas para a execução da tarefa; projetos que atuam diretamente na redução do consumo; diminuição de desperdício de matérias-primas e materiais auxiliares e projetos de redução de consumo de energia.

Não se pode esquecer de que todas essas análises envolvem suposições, previsões e "*feeling*", o que, em outras palavras, quer dizer "incerteza". Logo, um fator determinante na qualidade do trabalho a ser realizado é *quem* o fará. Deve-se deixar esse trabalho a cargo de alguém capacitado que tenha boa formação acadêmica, que conheça profundamente o mercado e a empresa e que tenha experiência suficiente para assumir riscos com consciência.

Dessa forma, a tendência é de que os recursos financeiros sempre limitados sejam alocados nas necessidades mais importantes da empresa em vez de serem aplicados nas mais urgentes ou na solução do problema atual, mesmo que o problema seja irrelevante ou transitório.

Planejamento de investimentos: estruturando o seu crescimento de modo economicamente sustentável

É possível notar que, ao longo dos anos, houve muitas histórias de sucesso e fracasso na indústria gráfica brasileira. E ao analisar algumas das histórias de fracasso, nota-se que a maioria delas era de empresas que se consideravam saudáveis, lucrativas e prontas para crescer. Foi justamente esse crescimento que as matou. Uma proposta de crescimento desestruturada, apoiada em premissas fracas e mal conduzidas pode levar uma empresa do céu ao inferno em pouco tempo.

Mas, então, o caminho é não crescer? É não ousar? Não se trata disso, mas devemos ter especial cuidado quando pensarmos em crescer em um mundo tão competitivo como o de hoje. Crescer deve ser um processo com várias etapas cuidadosamente planejadas, acompanhadas e analisadas para que (se for viável) aconteça sem sobressaltos e não seja fruto de arrependimentos futuros por não ter alcançado os objetivos propostos. E, além disso, o processo deve garantir a continuidade de uma empresa saudável e lucrativa.

Assim, vamos abordar agora uma parte fundamental de uma estratégia de crescimento, que é a decisão de investimentos. Ela é a espinha dorsal do processo de crescimento, na opinião dos empresários (o que será razoavelmente questionado neste texto), e certamente é a grande fonte de problemas quando algo não dá certo, pois, dependendo do processo, as decisões de investimento trazem um endividamento que, quando mal administrado, costuma ser a mola mestra da destruição de uma empresa saudável.

Vamos pensar em crescimento economicamente saudável. No entanto, para entendermos bem o assunto, devemos começar falando de empresas economicamente saudáveis. Depois, abordaremos a visão de crescimento – se é um crescimento sustentável ou se é uma "bolha" –, o que nos leva a decisões estratégicas diferentes. Posteriormente, abordaremos as várias possibilidades de aplicação dos recursos financeiros da empresa para o sucesso do crescimento, discutiremos a importância da avaliação dos recursos atuais da empresa e, por fim, apresentaremos os passos para o crescimento economicamente sustentável.

Uma empresa economicamente sustentável

Pensando de uma forma bastante simples, uma empresa é economicamente sustentável quando a aplicação de seus recursos financeiros produz uma rentabilidade adequada que pode ser transformada em dividendos para os acionistas ou pode ser revertida para o próprio negócio com o objetivo de aumentar o patrimônio.

Mas como esses recursos financeiros trazem rentabilidade? A fórmula é transformar os recursos financeiros em recursos físicos, humanos ou de gestão, que estarão a serviço da empresa para produzir produtos e/ou serviços que serão colocados à disposição dos clientes. Veja que até aqui não foi produzida rentabilidade, mas apenas custos para a execução do trabalho. Na verdade só ocorreram os gastos!

A produção de resultados ocorre quando um cliente adquire os produtos ou serviços e paga por eles um valor que julga justo. Essa produção será positiva se o cliente pagar um valor maior do que os custos do produto/serviço, e negativa se ele pagar menos do que a soma dos seus custos.

Uma empresa economicamente sustentável precisa ter consciência, em primeiro lugar, de que preço e custo estão completamente dissociados. O cliente não atribui o preço que ele aceita pagar em função dos custos envolvidos em sua fabricação. O preço é função de duas variáveis de mercado: raridade e conveniência.

Quando o produto/serviço oferecido é peculiar, específico e pouco disponível, o cliente não pode exercer, da forma que ele gostaria, o direito de fazer uma concorrência entre fornecedores para obter uma minimização dos preços. Nesse caso, ele tende a dar mais valor a ele, dispondo-se a pagar um valor mais alto. Da mesma forma, se o produto/serviço é oferecido na hora certa, no lugar certo e da forma certa, ele tenderá a pagar mais pela conveniência do que pagaria pelo produto/serviço em uma condição menos prioritária.

Portanto, o valor que o cliente está disposto a pagar não tem relação com o custo para produzi-lo. A questão do custo é interesse do fornecedor, que irá compará-lo com o preço que o cliente está disposto a pagar para verificar se terá resultado positivo ou não. Quando o resultado for negativo, ele tem apenas duas escolhas: reduzir o custo ou não competir mais com esse produto/serviço.

Desse ponto de vista, uma empresa economicamente sustentável é constatada quando os valores pagos pelos clientes para obter os produtos/serviços que são oferecidos são constantes e consistentemente maiores do que o valor necessário para produzi-los. Isso indica, em outras palavras, que o empreendimento produz produtos e serviços que atendem os clientes e pelos quais eles estão dispostos a pagar um preço que remunera a empresa de forma aceitável, trazendo rentabilidade, que faz o negócio se manter e prosperar.

Vamos abrir um parênteses para falar do conceito de depreciação nesse contexto. Vimos que uma empresa é economicamente sustentável quando a aplicação de seus recursos financeiros produz uma rentabilidade que pode ser transformada em dividendos para os acionistas ou pode ser revertida para o próprio negócio, com o objetivo de aumentar o patrimônio. Porém, é sempre muito importante que, incorporada aos custos da empresa, esteja a depreciação dos recursos físicos, pois ela garantirá a reposição dos bens existentes com o objetivo de preservar a competitividade da empresa. A realocação dos resultados na própria empresa deve ser uma opção do investidor e deve ser voltada sempre para a ampliação do negócio e não para a sua manutenção.

Voltando à questão da empresa economicamente sustentável, fica claro que, se não tivermos o domínio do valor a ser pago pelo cliente, que depende da raridade e da conveniência, só nos resta trabalhar os custos para que eles possam ser suficientemente pequenos a fim de garantir a rentabilidade da empresa.

Este é e será o desafio das empresas que querem ter sucesso no mercado competitivo. E a melhor resposta para esse desafio é pensar da forma mais simples e objetiva possível. A conclusão é de que, para ser uma empresa economicamente sustentável, apoiada em rentabilidades consistentes, é preciso única e exclusivamente *trabalhar da maneira certa*!

Mas o que é trabalhar da maneira certa? Conceitualmente, é aplicar de forma correta os recursos da empresa, que não se resumem apenas a recursos físicos. Nós precisamos ter as pessoas certas (recursos humanos) utilizando as ferramentas certas (recursos físicos) para fazer as coisas certas (recursos de gestão).

Essa afirmação pode ser entendida como uma frase de efeito ou como algo muito óbvio, mas realmente não é nem uma coisa nem outra. A definição do foco da empresa com a posterior estruturação de equipes confiáveis, competentes e comprometidas, que são os recursos humanos; a organização e estruturação dos prédios, equipamentos, áreas, dispositivos e infraestrutura, que são os recursos físicos; além da organização dos sistemas de trabalho e da estrutura de comando, que são os recursos de gestão, podem ser decisões extremamente complexas e certamente pouco têm de banal ou de obviedade.

Porém, o fato de serem decisões complexas não quer dizer que seja complicado. Temos de pensar de modo simples e, se for dado o devido valor à definição do objetivo da empresa, estruturar em primeiro lugar a linha mestra que atenderá o cliente-alvo. Depois, acrescentar as atividades de suporte e gestão necessárias para suportar a atividade principal em seu objetivo de atingir as metas.

Temos de trabalhar de modo certo, isso não significa exigir esforços sobre-humanos das equipes nem utilizar os recursos de forma errada, nem a quebra das boas regras de gestão. Em resumo, trabalhar certo tem de ser mais fácil do que trabalhar errado!

Quando trabalhamos certo fica fácil, pois o resultado lógico dessa conduta é a produtividade, que na sua definição mais simples é "fazer mais com menos". Fazendo o que é certo, a qualidade é inerente, pois não dá para pensar em algo certo sem qualidade; fazendo o que é certo, paramos menos e, portanto, a produtividade das máquinas é maior e os prazos menores. Finalmente, fazendo o que é certo, com qualidade e sem interrupções desnecessárias, o custo certamente será menor, aumentando a produtividade do capital investido.

Portanto, uma empresa economicamente saudável sabe priorizar a utilização de seus recursos financeiros, transformando-os em recursos físicos, humanos e de gestão de forma produtiva, por meio da execução do trabalho certo. Uma empresa nessas condições tem as competências iniciais para crescer. É sobre o fenômeno do crescimento que falaremos a seguir.

Crescimento

As empresas nasceram para crescer! Quando um empreendedor inicia um novo negócio, em geral ele tem grandes pretensões, visando, além de remunerar adequadamente o seu capital, criar uma empresa sólida, perene e que permita dar conforto a sua família e às famílias de seus herdeiros. Sem falar de outros aspectos, como o *status* e a vaidade que também mexem com a cabeça dos empreendedores.

É, portanto, um dom natural do empresário buscar o tempo todo oportunidades de crescimento. Podemos dizer até que essa é uma de suas atividades principais, e certamente a favorita.

E se essa avaliação ocorre em uma empresa economicamente sustentável, em ambiente político-econômico favorável, como parece ser a situação do Brasil nestes últimos tempos, o desejo de materializar esse crescimento se torna quase incontrolável. É então que, mais uma vez, a cautela, a lógica e a visão sistêmica devem tomar a frente do processo de decisão. Vejamos o porquê.

Ao analisar o crescimento, o empresário enxerga sempre o lado positivo das questões, o que, diga-se de passagem, é aceitável e nada absurdo. Ele enxerga várias oportunidades de mercado, acredita sempre em uma boa aceitação de um novo produto ou serviço que oferecerá, não acha que os concorrentes se animarão a combatê-lo, ou, se o fizerem, não terão a competência ou a velocidade para atrapalhar os seus planos. Enfim, ele enxerga muito bem quais serão os acréscimos de receita provindos do novo projeto. Em resumo: vai entrar mais dinheiro!

Às vezes, o empresário esquece ou não leva muito em consideração que a estruturação dessa nova empreitada demandará investimentos e provavelmente aumento dos custos. Pode ser necessário comprar novas máquinas, ou reformar algumas delas, cuidar de suas instalações, contratar pessoas para operar esses equipamentos, talvez novos sistemas, talvez uma mudança maior no *layout*, talvez uma reforma no prédio, quem sabe uma nova liderança, um pouco mais de *staff* etc. Se vai entrar mais dinheiro, temos uma segunda verdade: vai sair mais dinheiro!

Portanto, notamos o perigo do crescimento ao olhar para a entrada de receitas sem a devida atenção para os investimentos: as despesas e os custos envolvidos no projeto. Partindo-se do pressuposto de que a empresa é economicamente sustentável, ela não pode pôr em risco a sua situação privilegiada com projetos mal desenvolvidos.

O que importa no crescimento não é aumentar as receitas, é aumentar o resultado de forma consistente e duradoura. É condição fundamental, para quem quer crescer com segurança, que cada passo dado em direção ao crescimento não tenha volta. É melhor crescer lentamente, porém com segurança, sem o risco de ter de voltar a estágios anteriores por "ter ido com muita sede ao pote". A seguir, mostraremos uma das maiores armadilhas no processo de crescimento das empresas: as "bolhas" de consumo.

Crescimento sustentável x "bolha"

Existe uma definição tragicômica que diz que a pior dor do mundo é aquela que sentimos naquele momento. É quase impossível convencer alguém que esteja com dor de dente de que dor de ouvido é pior. Quando sentimos uma forte dor, não conseguimos pensar em outra coisa, e ela limita a nossa capacidade de raciocínio, afetando algumas de nossas decisões.

As "bolhas de consumo" têm mais ou menos esse mesmo efeito na cabeça dos empresários. Ao observar um aumento na demanda e, por conseguinte, a possibilidade de crescimento do negócio, o empresário pode se empolgar e começar a tomar providências como se esse aumento fosse certo para sempre, sem analisar completa e calmamente o cenário.

Muitas das decisões que envolvem o crescimento do negócio são decisões caras, demoradas e com efeito no longo prazo. A compra de uma máquina, o aumento de um turno ou a mudança de uma fábrica não são decisões simples que podem ser tomadas e depois ser desfeitas, se não derem certo. Essas decisões delimitam um novo patamar do negócio que exige uma nova demanda, em contrapartida. Os custos aumentarão de imediato e o resultado virá aos poucos. Se o resultado crescer, mesmo que lentamente, a passos firmes, as ações tomadas foram corretas. Porém, se esses resultados se mostrarem frágeis no decorrer do tempo, é sinal de que a decisão tomada foi errada. Adotaram-se soluções definitivas para problemas passageiros.

Portanto, ao ocorrer esses acréscimos, geralmente bruscos, de demanda, deve-se analisar, sistematicamente, quais foram as causas que levaram a esse crescimento; se essas causas são consistentes; se o ambiente de negócios está propício para a manutenção dessa nova situação e se a sua posição estratégica perante a concorrência lhe permitirá sustentar esse acréscimo de demanda ao longo do tempo.

Se algumas dessas hipóteses se mostrarem frágeis, a sugestão é de que se tomem medidas paliativas para atender a essa demanda temporária.

Medidas como horas extras, serviços temporários, terceirizações e outras podem fazer com que se tire o proveito possível do aumento de demanda enquanto ele durar, e permitem desmontar facilmente o sistema para voltar à situação anterior quando a "bolha" estourar.

E mesmo quando as evidências forem positivas, é prudente começar com medidas temporárias, e, à medida que essas evidências forem se confirmando, decisões mais duradouras devem ser tomadas, apoiadas em demandas crescentes e consolidadas. Com isso, evitam-se prejuízos ou mau uso dos recursos financeiros da empresa em projetos que são interessantes, porém não duradouros.

E também não se pode esquecer de que estamos em um ambiente competitivo. Se o empresário agir no sentido de aumentar a demanda, não pode esquecer que seu concorrente, ao ver o seu sucesso, empregará ações para combatê-lo, e, dependendo da competência dele, isso pode diminuir um pouco o sucesso que o empreendedor esperava.

Portanto, "bolhas" de consumo sugerem ações temporárias para obter os ganhos possíveis enquanto o processo durar. E veja que toda essa preocupação existe porque os recursos financeiros da empresa sempre são limitados e a definição da prioridade para a alocação desses recursos deve ser a atividade primeira de um bom gestor. É disso que falaremos a seguir.

Possibilidades de aplicação dos recursos financeiros da empresa

Quando se associam os termos *crescimento* e utilização *dos recursos financeiros da empresa*, quase sempre as possibilidades que surgem envolvem a compra, reforma ou complementação de equipamentos, ou seja, estamos falando de recursos físicos. A ideia de uma fábrica mais moderna e com capacidade ampliada parece ser a receita ideal para a absorção de uma demanda maior do mercado.

No entanto, essa visão, tão clássica e comum, não é necessariamente correta. A aplicação dos recursos financeiros em recursos físicos é apenas uma das possibilidades de aplicação, e nem sempre a melhor. Como já foi dito, podemos aplicar os recursos financeiros também em recursos humanos e recursos de gestão.

Vamos, antes de analisar a aplicação dos recursos financeiros perante um perfil de crescimento, exemplificar o que são esses recursos possíveis.

- Recursos físicos. Referem-se aos ativos da empresa, como prédios, equipamentos, instalações. É a parte mais "visível" da alocação dos recursos financeiros, e talvez por isso seja a modalidade de aplicação favorita de nove entre dez empresários gráficos.
- Recursos humanos. Referem-se às ações aplicadas para obter e melhorar a equipe que opera os recursos físicos. É o investimento feito em contratação, capacitação, treinamento e motivação das pessoas de sua empresa.
- Recursos de gestão. Referem-se aos investimentos para a elaboração de uma estratégia de negócio, para a preparação de áreas de *staff* que alavancarão a produção e para o desenvolvimento ou compra de *softwares* que permitam uma melhor visão da empresa, do negócio e do mercado.

Tendo isso claro, vamos verificar, agora, qual é a melhor forma para fazer a análise das possibilidades de aplicação dos recursos financeiros da empresa.

A primeira constatação, e também a mais fundamental, é que essa análise não pode ser feita isoladamente. É necessário analisar em conjunto as possibilidades de aplicação em recursos físicos, humanos e de gestão, por uma série de aspectos, listados a seguir:

- A primeira questão básica é que esses recursos são *concorrentes*, visto que o recurso financeiro é único e as possibilidades são três.
- A segunda questão é que, frequentemente, o melhor resultado é obtido de uma composição de aplicações em dois ou três tipos de recursos. É pouco comum que o investimento em somente um tipo de recurso dê o melhor resultado.
- E, finalmente, temos a constatação de que qualquer decisão estratégica que a empresa tome deve estar apoiada em conceitos gerais, olhando os problemas "por cima", e evitando a miopia de dar soluções muito específicas para problemas muito específicos. Usualmente, os efeitos colaterais desse tipo de decisão são mais influentes que seus resultados.

Isso posto, analisaremos as peculiaridades de cada uma dessas diferentes formas de alocação dos recursos financeiros da empresa para podermos entendê-las melhor e empregá-las da melhor maneira possível.

Aplicação de recursos financeiros para transformá-los em recursos físicos

Os recursos físicos se fazem necessários normalmente em três situações:

a) pela necessidade de substituição de recursos existentes que estão deteriorados, provocando redução da qualidade e da produtividade e com aumento de custos, usualmente provocado pelo aumento excessivo dos custos de manutenção;
b) pela necessidade de substituição de recursos existentes em função de sua obsolescência técnica. Os equipamentos existentes não conseguem atingir os patamares exigidos pelos clientes por questões tecnológicas, que podem estar associadas a novos processos, novos dispositivos de controle ou novos conceitos tecnológicos nos equipamentos;
c) pela deficiência de capacidade em relação à demanda. Por crescimento de vendas, os recursos existentes estão no limite e, mesmo assim, não conseguem atender as necessidades de prazo e custo dos clientes. Faz-se necessário crescer, aumentando a capacidade instalada para atender a essa nova situação.

Como tendência, o valor investido é geralmente alto e o retorno de investimento baixo ou médio em relação ao seu valor, tendo como consequência um *pay-back* em longo prazo.

Aplicação de recursos financeiros em recursos humanos

No livro *Capital intelectual*, o autor Thomas A. Stewart conceitua a Era da Informação como "a vitória do *know-how* sobre a natureza", e considera fontes fundamentais de riqueza o conhecimento e a comunicação, que assumem os postos antes alocados para os recursos naturais e o trabalho físico.

Essa visão bastante interessante cria novos patamares de diferenciação estratégica. A posse e o domínio dos recursos naturais (ou, como são classificados nesse artigo: recursos físicos) permitem às empresas somente a condição de bons fabricantes de *commodities*, à medida que esses recursos estão cada vez mais acessíveis e viáveis. A real diferenciação se dá pela aplicação de conhecimento na utilização desses recursos. Não é mais importante "o que eu tenho", mas sim "o que eu sei fazer com o que eu tenho".

Portanto, essa diferenciação está vinculada diretamente à qualidade dos recursos humanos. A quantidade de pessoas talentosas de uma empresa aliada às condições corretas para a aplicação desse conhecimento tendem a gerar a diferenciação competitiva do século XXI.

Logo, a aplicação de recursos financeiros em recursos humanos implica investir na aquisição, criação, valorização e retenção de talentos para as áreas estratégicas da empresa; e na adequação do ambiente de trabalho para que esses talentos possam desenvolver seu trabalho de forma produtiva, gerando resultados para a empresa.

Esse investimento tem como característica ser baixo em comparação com os investimentos em recursos físicos, e o retorno desse investimento tende a ser alto em relação ao seu valor e em prazo curto ou médio. A questão fundamental para obter o retorno de tal investimento é a capacidade da empresa de reter os seus talentos para usufruir deles por um longo período.

Aplicação de recursos financeiros em recursos de gestão

A outra forma de aplicar os recursos financeiros da empresa é no "pensar". Muitas vezes a empresa entende que investimento só deve ser aplicado no "fazer", porém a estruturação do ambiente de negócios pode ser tão importante na obtenção dos resultados da empresa quanto os aspectos ligados à execução (vender e produzir).

A elaboração de uma estratégia competitiva, e das políticas comercial, industrial etc. demandam recursos financeiros com estudos, consultorias, análises e reuniões. E a sua divulgação também demanda recursos financeiros.

Análises de mercado também podem ajudar a definir melhor o ambiente de negócios; um mapeamento dos processos internos ajuda a melhorar as condições competitivas da empresa; reestruturações organizacionais demandam estudos e consequentes despesas para sua efetivação; a adoção de sistemas integrados de gestão, que podem ser uma ferramenta valiosa na melhoria dos resultados operacionais da empresa; a melhoria dos sistemas de informação, de uma forma geral, também alavancam melhorias substanciais. Enfim, existe uma série de ações possíveis que podem ajudar a empresa nos seus passos futuros, mas que certamente demandarão recursos para a sua execução.

Esses recursos tendem a ter valores maiores do que a aplicação em recursos humanos, porém menores do que a aplicação em recursos físicos. E o retorno tende a ser alto, porém, em geral, difícil de ser mensurado, pois, como o reflexo de suas ações aparece no dia a dia da empresa, não se sabe exatamente o que é devido à estratégia ou ao sistema de gestão e o quanto se refere a ações isoladas dos setores. De qualquer forma, parece bastante claro que a forma de avaliação tende a ser uma estimativa do quanto se pode perder se isso não for feito.

Com todas essas informações em mãos, estamos agora em condições de mostrar quais seriam os passos ideais para que as empresas possam encarar um período de crescimento sem perder a condição de empresa economicamente sustentável.

Passos para o crescimento economicamente sustentável

Partindo-se do pressuposto de que a análise do ambiente macroeconômico e de negócios já foi feita e que temos um "ambiente" propício para o crescimento, o processo de estruturação do crescimento sustentável da empresa deve ser feito em etapas e com uma ordem predefinida. Devemos analisar as questões que envolvem a gestão, em primeiro lugar, definindo prioridades e investimentos nessa área; depois, atacamos a questão dos recursos humanos e, após a determinação clara da situação atual e do potencial existente utilizado, passa-se para a terceira análise, que é a decisão de investimento em recursos físicos. Vamos analisar detalhadamente cada uma dessas etapas.

Passo 1: Análise da gestão

Foi-se o tempo em que prosperar significava crescer. Ter um ambiente propício não quer dizer que tenhamos de "entrar de cabeça" em todas as possibilidades existentes. É preciso ter uma estratégia.

As primeiras decisões que devemos tomar é se queremos, podemos e devemos crescer. E quanto é o ideal de crescimento para manter a estrutura dos negócios e a saúde da empresa em ordem. Fazer uma análise de oportunidades e de riscos.

Muitas vezes, o processo já emperra nesse ponto. Faltam informações externas e internas para apoiar as decisões de negócio. Então, pode ser que, antes de tomar decisões exclusivamente no "*feeling*", a empresa deva investir na qualidade de suas informações, talvez até chegando a um sistema de gestão; a cursos de gestão para seus executivos; seminários de negócios para que se conheça melhor o ambiente; algum tipo de consultoria que possa apoiá-la nessa análise; em viagens para conhecer outras empresas que viveram situações semelhantes etc.

Ao contrário do que se possa pensar, essas "despesas" podem ser consideradas "investimentos", se pensarmos quantas decisões erradas podem ser evitadas com uma boa base de dados e informações, e com pessoal interno capacitado para trabalhar essas informações e dados, e transformá-los em conhecimento de negócios aplicado.

As decisões baseadas no "*feeling*" nunca poderão ser descartadas, porém o risco hoje é muito maior do que no passado e, portanto, são necessários maiores cuidados por parte dos tomadores de decisão.

Além disso, hoje, é quase obrigatório um "plano b", ou, tecnicamente falando, um plano de contingência, se a estratégia não funcionar. Devemos ter claro o que precisa ser remodelado, quando e como isso deve acontecer e por que isso deve acontecer, isto é, quais são os parâmetros que definirão o *start up* do plano de contingência antes que perdas maiores ocorram.

Essa análise precisa obrigatoriamente ser a primeira, pois ela afeta diretamente as seguintes. A forma como se investirá em recursos humanos e recursos físicos é absolutamente influenciada pela estratégia definida. O mais comum é definir etapas de investimento e, no final de cada uma delas, avalia-se o resultado obtido perante a estratégia adotada e define-se pela continuidade do projeto ou não; caso haja continuidade, se ela acontecerá exatamente como foi prevista ou se serão feitos ajustes. Com essas questões muito claras e definidas, podemos seguir em frente.

Passo 2: Análise dos recursos humanos

A questão é básica e simples. As empresas podem investir qualquer volume financeiro em qualquer fim, porém esses investimentos só darão retorno se houver também investimento adequado nos recursos humanos que irão gerir e executar os processos resultantes desses investimentos.

Por mais que se busque "independência" dos recursos humanos, ela sempre existirá. Ao desenvolver um processo de automação, é possível não depender de mão de obra operacional, mas passa-se a depender de mão de obra qualificada para programar, administrar e controlar esse processo. O fato é que sempre serão necessários bons líderes e bons colaboradores para alavancar o crescimento.

Como é de conhecimento público, o Brasil ainda tem carências na formação de mão de obra. Existem deficiências em diversos setores e em vários níveis, fazendo com que muitas empresas não atinjam o ápice de desempenho dos seus processos, não por falta de equipamentos e/ou gestão, mas por falta de mão de obra qualificada para executá-los.

Esse fato é um ponto fundamental para quem está projetando o crescimento. Antes de concentrar esforços na execução de projetos, compras ou instalações de novos recursos físicos, analise com muita atenção a qualidade dos recursos humanos atuais e futuros e veja se eles estão compatíveis com as ideias de crescimento que a empresa desenvolve.

É muito comum que, ao analisar a qualidade de seus recursos humanos, e posteriormente trabalhar na sua melhoria, muitos dos investimentos previstos deixem de ser necessários pois o aumento da produtividade pela boa utilização dos recursos existentes supre as expectativas de crescimento da empresa para o futuro. Mesmo quando não atende totalmente, pelo menos cria condição para que se possa adiar investimentos aparentemente urgentes, mas que, na verdade, se tornaram urgentes apenas pela inadequação do uso dos recursos existentes.

Muitas vezes, tem-se uma fábrica dentro da própria fábrica. Uma fábrica invisível que se esconde nas improdutividades, nos desperdícios e nas baixas utilizações dos recursos existentes, corroendo lentamente os resultados da empresa. E assim como um câncer, se for descoberto tarde demais, pode ser fatal.

Portanto, é fundamental termos os recursos humanos na quantidade certa, com a qualificação adequada e com um ambiente de trabalho adequado para tornar o rendimento o melhor possível. É preciso também se preocupar com esses recursos em dois níveis: as lideranças e a operação.

Vamos falar inicialmente dos líderes. É mais do que provado que boa parte do bom resultado de uma equipe está associada à qualidade do líder. Ele é o mentor da equipe, o transmissor da cultura da empresa para a equipe, e o responsável principal pelos sucessos e insucessos de seu departamento/setor.

É de fundamental importância, portanto, que exista um alinhamento total entre as ideias da empresa e as do líder. A formação do grupo de lideranças é de responsabilidade da cúpula da empresa e é uma tarefa indelegável. A coerência entre a diretoria de uma empresa e suas lideranças é fator primordial na melhoria do desempenho e da motivação da equipe de trabalho. Uma empresa que não tem bons líderes não tem uma boa estrutura de trabalho e, assim, não tem resultados.

A primeira tarefa de um diretor de uma empresa é conseguir formar a sua liderança e ser responsável por ela. Isso feito, é hora de trabalhar a equipe. É preciso ter pessoas confiáveis, capacitadas, treinadas e motivadas para alcançar o melhor dos resultados.

É fundamental ter bons líderes, pois eles formarão as equipes. Para uma empresa ter pessoas confiáveis e capacitadas, ela precisa saber escolher bem os seus funcionários. Líderes não confiáveis escolhem pessoas não confiáveis. Líderes pouco capacitados escolhem pessoas pouco capacitadas.

A empresa precisa escolher bem os seus novos elementos. É melhor ter vagas em aberto à procura de pessoas competentes do que vagas ocupadas por pessoas que não as merecem. É preciso ser extremamente exigentes no processo de escolha de novos funcionários para que se possa contar com os melhores.

Porém funcionários capacitados não necessariamente são funcionários "prontos". Nesse ponto entra o papel do treinamento, que vai adequar a capacitação dessas pessoas para os equipamentos da empresa, para as peculiaridades do seu produto, para as características da sua cultura. É preciso entender essas carências e supri-las em um processo contínuo e, não é demais repetir, sob a responsabilidade dos líderes.

Por fim, é necessário criar as condições para que o ambiente de trabalho seja adequado para as pessoas trabalharem bem. São condições ambientais, condições humanas e sociais para que as pessoas se orgulhem do que fazem e de trabalhar na empresa. Esse é um processo simples, que passa pelo respeito aos colaboradores, pelo diálogo aberto com eles, no qual se ouça o que têm a dizer e se diga claramente o que é sim e o que é não, para dar a cada um o direito de escolha, pois, assim como a empresa escolhe o funcionário, o funcionário escolhe a empresa; e esse casamento só dá certo quando é bom para os dois.

E, acima de tudo, esse ambiente deve estar apoiado na verdade e na justiça. As pessoas podem não receber notícias boas, mas receberão a verdade. Este é o melhor ambiente para criar a motivação em longo prazo. Boas pessoas formam uma boa empresa.

Passo "2,5": Análise da situação atual

Antes de irmos para o passo final, vale a pena criar um passo "intermediário" para fecharmos claramente a análise dos recursos existentes de maneira a poder decidir com tranquilidade sobre futuros investimentos em recursos físicos.

A ideia é a criação de um *check list* que permita a avaliação de quão perto do limite de capacidade está determinada fábrica. As perguntas básicas são:

- *Você tem os recursos adequados?*

    Muitas vezes pode-se estar fazendo produtos/serviços inadequados em relação aos recursos existentes. A maior razão desse tipo de problema são mudanças estratégicas como o lançamento de novas linhas de produtos, com o intuito de utilizar o que já existe e, a princípio, evitar novos investimentos. Outra razão é o aparecimento de uma solicitação específica de algum cliente, ou o surgimento de alguma oportunidade fora da *expertise* da empresa, mas que ela não quer perder. No entanto, para fazer esse novo produto/serviço, a fábrica precisará de algumas *adaptações*.

    Precisa-se ter muito claro se a empresa tem os recursos adequados, pois ela corre o risco de buscar novos investimentos para "remendar" o que existe, enquanto pode ser mais viável substituir os recursos existentes pelos mais adequados para o que é preciso. Não existe uma receita única, mas a análise certamente precisa ser feita.

- *Você tem a equipe adequada?*
É muito mais comum do que deveria a decisão de comprar novos equipamentos para aumentar a capacidade instalada quando os recursos atuais estão com sérios problemas de produtividade.

Se esses problemas de produtividade são causados por manutenção, por exemplo, a decisão está certa, pois o equipamento está deteriorado e não consegue mais render o que se espera dele.

Porém, na maioria das vezes, as causadoras da queda de produtividade são as questões operacionais. Colaboradores não capacitados operando equipamentos que não conhecem muito bem, sem qualquer treinamento adicional e frequentemente desmotivados, até pelos maus resultados que obtêm.

Ora, se for comprado outro equipamento, sem resolver esse problema, corre-se o risco de ter, agora, dois problemas e não uma solução. É necessário se certificar de que os recursos humanos que tocam os equipamentos estão preparados para tirar deles o que eles têm de melhor, com qualidade e produtividade.

Quando se atua fortemente na melhoria das equipes, a produtividade aumenta, e não é raro que a obtenção desse resultado adia ou até cancela a compra de novos recursos físicos.

- *Os recursos estão sendo bem utilizados?*
A máquina está bem instalada? As utilidades (ar, energia, água, rede etc.) são adequadas? A manutenção é bem feita? A equipe está preparada? Os serviços colocados no equipamento são bem especificados?

Em resumo, está sendo usado o equipamento como se deve? O equipamento está sendo usado com que ele tem de melhor?

- *A produtividade é boa?*
Todos os recursos devem ter metas que devem ser alcançadas. Quando se entende as razões da queda de produtividade da empresa e não há uma

saída que não seja a substituição dos recursos para solucioná-la, pensa-se na substituição dos equipamentos.

Não decida sobre momentos ou produtos específicos. Tenha um bom histórico do equipamento, por um período longo, para realmente entender o seu desempenho e os seus problemas.

- *As estruturas de suporte são adequadas?*
Os problemas são efetivamente do recurso ou podem estar sendo provocados pela gestão? A liderança é adequada? O departamento de compras supre o equipamento com o que realmente ele precisa? O PCP aloca os serviços de modo a obter a melhor produtividade?

Todos esses itens servem para que o empresário, antes de definir a compra de novos recursos, tenha certeza de que tudo o que está em uso vem operando de maneira otimizada e que sua fábrica opera no limite de sua competência.

Se mesmo assim a demanda de trabalhos estiver acima de sua capacidade, é chegada a hora de pensar em crescer mediante a aquisição de recursos físicos.

Passo 3: Análise da aquisição de recursos físicos

Se todos os passos anteriores foram feitos com correção, e ainda assim a empresa não consegue atender plenamente os seus clientes, então há um problema!

E, por mais óbvio que possa parecer, a aquisição de novos recursos físicos só deve ocorrer para permitir a solução de um problema. Existe uma demanda maior do que a capacidade da fábrica, que já está otimizada.

Isso está sendo demonstrado, pois, muitas vezes, apesar de óbvio, o que provoca a compra de novos recursos físicos não é a constatação de que há um problema. Por conta da intensa oferta de novas soluções tecnológicas, novas ferramentas, novos processos e por conta da pressão no sentido de que é preciso estar *up to date* para não perder mercado, muitas vezes o empresário é tentado a comprar uma solução de um problema que ele não sabe se tem.

Essa desconexão entre solução e problema ocorre porque os passos anteriores não foram elaborados previamente. Sem uma estratégia clara e sem a certeza de que se está usando os recursos existentes da forma correta, a visão de um novo recurso ou de uma nova tecnologia pode se tornar mais interessante do que realmente ela é.

Isso não quer dizer que se deve rejeitar todas as possibilidades de evolução tecnológica e de capacidade que é apresentada. Não. É preciso simplesmente aliar uma solução moderna às necessidades atuais e futuras. Esse exercício, principalmente quanto às expectativas para o futuro, já não é fácil de ser feito, isto é, pode resultar em decisões erradas por erros de avaliação do futuro. Imagine se ele não for realizado.

Em décadas anteriores, muitas das compras de recursos físicos eram feitas na base do "*feeling*" do empresário. Ele ia a uma feira e voltava com uma máquina comprada, acionando então a sua área comercial para aumentar a atuação no sentido de fazer um bom uso do novo equipamento. E isso muitas vezes dava certo. (Algumas vezes dava errado, mas isso era rapidamente esquecido, pois os sucessos eram maiores.)

No século XXI, as coisas estão um pouco diferentes. O mercado é mais cruel com as decisões erradas. Muitas vezes, um investimento errado pode comprometer a saúde financeira da empresa, o que não é mais permitido em um ambiente de negócios tão competitivo em que os preços têm uma tendência de queda, e a necessidade de alta produtividade e custos baixos é cada vez maior.

Logo, é necessário seguir os passos anteriores e tomar a decisão mais correta. Porém, como é preciso proceder para tentar minimizar a possibilidade de erro nas decisões de investimento? Duas questões são muito importantes para melhorar a qualidade das decisões de investimento:

- **Participação de todos.** Deve-se envolver o maior número possível de pessoas antes de se tomar a decisão. Ouvir os principais clientes, a área comercial (para entender os otimistas), a área financeira (para entender os pessimistas), quem vai comandar a máquina (líderes e operadores) e as áreas de suporte (PCP, Suprimentos etc.). Essa soma de visões produzirá uma série de conflitos de ideias que, quando resolvidos, levarão o empresário a uma decisão mais correta, pois é obvio que várias cabeças pensam melhor do que uma. Além disso, quando a decisão é tomada com a participação de todos, ela passa a ser "uma decisão de todos", e, portanto, todos estarão muito motivados a fazer com que o resultado desse investimento

seja positivo. Não se pode esquecer que a falta de comprometimento é o que muitas vezes reprime uma boa ideia dentro da empresa.
- **Análise econômico-financeira.** A prova definitiva a que uma proposta de investimento deve ser submetida é a checagem dos números. Sem essa aprovação todo o resto deve ser repensado. Em resumo, um investimento tem de dar retorno financeiro, quer seja por meio de um aumento efetivo das vendas, quer seja pela redução real de custos. Usam-se os termos "efetivo" e "real" para evitar a análise econômica baseada em ganhos "potenciais" de vendas ou redução "potencial" de custos. Efetivamente, esses itens potenciais nada representam na análise de retorno de investimentos e devem, a princípio, ser descartados. O importante é que sejam usadas as ferramentas corretas para a análise – Método do Valor Presente Líquido, Taxa Interna de Retorno e *Payback* são algumas das ferramentas que podem ser utilizadas – e os dados corretos.

Portanto, se, ao buscar uma solução para um problema, envolvermos todos os interessados na análise e fizermos uma boa análise econômico-financeira para viabilizar o investimento, poderemos transformar a aquisição de recursos físicos para a empresa num processo que alavancará efetivamente o crescimento em vez de se tornar uma pedra no caminho do sucesso, como vem acontecendo com diversas empresas em anos recentes.

Conclusão

A lição que se tira de toda essa análise é que, como tudo que envolve gestão nas empresas, o crescimento economicamente sustentável não é uma questão nem complicada nem inexequível. O crescimento sustentável é um processo óbvio. Basta que se tomem as atitudes certas no momento certo, sem precipitações e sem suposições infundadas, que o resultado vem de forma efetiva e consistente.

E, até por isso, o trabalho de efetivar o crescimento das empresas de forma economicamente sustentável requer mudanças em relação à forma como eram feitas essas análises no século passado: deve-se ter uma gestão mais técnica, apoiada em dados e não em hipóteses, com uma visão mais sistêmica e com um equilíbrio saudável entre a ousadia dos empreendedores e a cautela dos analistas financeiros. É um novo paradigma a ser seguido e que, acreditamos, será a melhor maneira de pensar o crescimento empresarial nos próximos anos.

Sob a ótica de 2011, existe uma boa perspectiva de que o Brasil cresça firme e consistentemente nos próximos anos, trazendo uma série de oportunidades de negócios para os empresários. Este é o momento ideal para exercer esse novo paradigma, com o objetivo de que cada passo dado adiante no processo não terá de ser seguido, no futuro, por um reestudo ou um retrocesso no processo. É aproveitar as oportunidades e consolidá-las como um novo patamar para a empresa.

No entanto, tudo isso exige uma "lição de casa". Os empresários têm de se preparar muito, entendendo o mundo dos negócios, atualizando-se, estudando, lendo, conversando e vivendo este novo mundo, cada vez mais repleto de mudanças intensas e rápidas. É preciso formar novos líderes para administrar este novo mundo. É preciso preparar mais e mais profissionais competentes. É preciso crescer pessoal e profissionalmente.

E esse processo é difícil. Exigirá dedicação, paciência e persistência, porém, a cada passo dado no processo do crescimento saudável, haverá o sabor de uma vitória real e duradoura e, certamente, ao analisarmos o processo no médio/longo prazo, teremos a certeza de ter adotado a postura que nos trouxe resultados mais seguros, nas condições econômicas mais adequadas.

Análise de investimento: As máquinas ficarão velhas ou obsoletas?

O mundo gira cada vez mais rápido! E o mundo gráfico não é nada diferente. A história da indústria gráfica, no final do século XX e início do século XXI, apresentou novas informações tecnológicas que ampliaram muito as opções para a análise do futuro no ramo industrial gráfico. Veja alguns exemplos:

- Impressão digital x impressão *offset*: este tema vem do final da década de 1980, porém, a cada dia, surgem novas informações sobre produtos que se tornaram viáveis graças à tecnologia digital; o conceito de tiragens exequíveis está sendo constantemente revisto por conta dessa nova tecnologia e dos implementos que a tecnologia *offset* vem fazendo para reduzir o *set up* das máquinas e, por conseguinte, enfrentar melhor a ameaça da tecnologia digital. Os produtos híbridos também se multiplicam tentando tirar o melhor dos dois mundos para fazer produtos diferenciados etc.

O fato é que, como afirmou Hamilton Costa, todos os produtos gráficos, no final da primeira década do século XXI, exceto quanto às embalagens, já tinham um similar digital.

- Novas opções para o cliente: até por conta do item anterior, verificou-se uma série de mudanças de ofertas aos consumidores que afetou profundamente o ramo gráfico. Vejamos alguns exemplos: a nota fiscal eletrônica se consolidou forte e rapidamente como a solução única para o processo de emissão de documentos fiscais; o DDA (Débito Direto Autorizado) lançado pelos bancos, que reduz a emissão de boletos, influenciou principalmente as empresas de impressão digital; as Publicações (jornais e revistas) pela internet ganham adeptos e afetam as tiragens das publicações em papel; e, no final da primeira década deste século, o início das vendas do Kindle, o *reader* da Amazon, que armazena 1.500 *e-books* e que promete reestruturar o modo de acessar livros, esse mercado aumentou rapidamente com a chegada de outros *readers* que, acrescidos de novas funções, se tornaram os *tablets* responsáveis por impulsionar um número crescente de publicações nesse formato.

- Rapidez dos avanços tecnológicos: um fato que chama a atenção é a velocidade com que os avanços tecnológicos saem dos laboratórios e chegam às casas ou empresas. E impressiona também a velocidade com que eles se tornam jurássicos. Tomemos como exemplo alguns itens do nosso dia a dia: os *laptops* e os celulares. Não trocamos de aparelho porque eles ficam velhos ou porque quebram. Trocamos porque eles ficam obsoletos. E isso parece ser uma tendência, que obriga os fabricantes a ter produtos mais baratos e mais adaptados a um tempo de vida útil menor (reparem, por exemplo, que se nota nitidamente que os materiais utilizados na fabricação dos celulares mudaram. E parece que a resistência não é a maior virtude desses novos materiais).

Tentando juntar os pontos. Temos tecnologias novas nos processos e produtos novos a todo instante, e tudo de modo muito rápido! As novas tecnologias levam à produção de novos produtos, novos produtos demandam novas tecnologias e todo esse processo acontece de modo acelerado, em um mercado muito competitivo, com clientes muito exigentes. Ou seja, haja rapidez!

A impressão que fica (quase uma certeza) é de que a empresa que pretende jogar esse jogo precisa estar absolutamente antenada nas tendências para o futuro, com pessoal extremamente qualificado e com tecnologia *up to date*. Ora, tecnologia *up to date* significa necessidade de investimentos e, nesse ponto, voltamos a sublinhar a importância da análise de investimento, pois de nada adianta as empresas jogarem o jogo se o resultado não for o lucro.

Para exemplificar, vamos usar essa análise para a aquisição de um equipamento de impressão (mas a análise vale também para outros tipos de equipamento para a indústria gráfica).

Atualmente, dependendo do tipo de equipamento que se deseja adquirir, os volumes financeiros envolvidos podem atingir a marca de centenas de milhares ou até milhões de reais. E o tempo de vida útil previsto é geralmente de dez anos para efeito de depreciação gerencial, mas com a certeza de que o equipamento durará mais do que isso (15 anos é bastante aceitável, 20 anos, quem sabe).

Se pensarmos, no entanto, em um equipamento de impressão digital, talvez dez anos seja um tempo longo demais! O equipamento provavelmente estaria em boas condições até lá, mas a questão é que o tempo de vida útil do equipamento se esgotaria antes disso por "obsolescência técnica".

Para entender a rapidez do processo, há exemplos de equipamentos de impressão digital que foram comprados em 2004 e que na época eram de última geração, e precisaram ser trocados em meados de 2010 pois já não atendiam as necessidades da empresa, além de apresentarem um valor residual de mercado muito baixo, ou quase nulo.

Então, diante dessas evidências, cabe a pergunta: será que não deveríamos começar a tomar mais cuidado nas análises de retorno de investimento para a compra de grandes equipamentos de impressão (e também para pré-impressão e acabamento)?

Será que daqui a dez ou 15 anos a tecnologia que se compra hoje (pagando caro!) será útil? Ou será que os equipamentos também começarão a definhar por obsolescência técnica? Quem serão os clientes da indústria gráfica daqui a 15 anos? Quais serão os produtos demandados daqui a 15 anos? Como estará a tecnologia daqui a 15 anos?

Somente para ilustrar, usamos essa referência de 15 anos (que seria um tempo razoável para a vida útil de um equipamento que seja bem operado e bem mantido no Brasil) para entendermos como o mundo das comunicações evoluiu nesse período. Em 1995, não tínhamos internet disponível em larga escala; celular era para poucos; a inflação era alta; poucas pessoas tinham computador em casa; começava-se a falar seriamente em terceirização entre outras questões. A tecnologia era outra, a cultura era outra, os hábitos eram outros. Resumindo, o mundo era outro!

Se olharmos 15 anos depois (para 2010), verificaremos que os hábitos são outros, as pessoas são outras e o mundo dos negócios é completamente diferente na sua forma de vender, administrar e produzir.

Nesse abismo de questionamentos, precisamos tomar as decisões baseadas em novos parâmetros. A análise dos investimentos deve conter novas condições para que o resultado não seja decepcionante, ou trágico. Algumas novas visões são necessárias. É imperioso falar sobre duas delas:

1) A forma de calcular o retorno dos investimentos precisa mudar.
Em um artigo publicado na revista *HSM Management*[2], os autores analisam a ideia de as empresas reverem suas empresas, desfazendo-se de negócios e práticas que deixam a desejar. No entanto, o que chamou a atenção nesse artigo foi a forma como sugerem a avaliação de novos investimentos. Os autores apresentam dois aspectos que parecem interessantes e aplicáveis nas análises de retorno de investimento na compra de equipamentos.

- primeiro aspecto: é preciso pensar em quanto tempo podemos esperar para desfrutar uma vantagem competitiva antes que os concorrentes reajam e/ou o mercado mude. Muitas pessoas supõem que as vantagens de um investimento serão mantidas indefinidamente, o que vem se tornando cada vez mais uma mentira.

---

2. MACGRATH, Rita Gunther e MACMILLAN, Ian C. "Tempo de Replantio". *HSM Management*, n. 76.

Essa afirmação revela que as análises de investimento que mostram vantagens apoiadas principalmente em aspectos externos (ganhos provenientes de aumento no faturamento ou aumento na fidelização de clientes etc.) são temporárias, pois o mercado e a concorrência reagirão a elas. Logo, a tendência é de que haja ganho por algum tempo e depois ele tende a reduzir. Se levarmos isso em conta, valorizaremos os investimentos de retorno mais rápido.

- segundo aspecto: os autores do artigo sugerem também que, ao avaliar o investimento total, deve ser estabelecida uma taxa de desconto, com o intuito de levar em conta o grau de risco do investimento. Quanto mais arriscado o investimento, maior a taxa de desconto. Isso significa que a oportunidade deve ser incrivelmente interessante.

É preciso reparar que esse aspecto, assim como o anterior, valoriza os investimentos de retorno mais rápido. E isso tem uma grande coerência com um mundo que se transforma na velocidade que se tem acompanhado. Como as variáveis mudam rapidamente, tem-se de procurar o retorno dos investimentos o mais rapidamente possível, de modo que estejamos preparados para nos atualizar e nos transformar, fazendo novos investimentos que sustentem essas constantes transformações.

2) O tempo de retorno do investimento precisa ser menor.
Reparem que o item anterior tende sempre a "penalizar" o retorno dos investimentos, levando a um aumento no tempo do *payback* e, por consequência, a um desestímulo aos investimentos que não tenham retorno rápido.

Reparem também que essa alteração está em completa sintonia com um mundo onde as tecnologias e os produtos mudam rapidamente, então, se o investimento em equipamentos demorar muito a retornar, corre-se o risco de que o produto ou serviço agregado a ele deixe de ser atrativo ao mercado antes que o investimento se pague.

Desse modo, por conta dessas questões, a palavra "obsolescência" começará a tomar corpo nas organizações. Paulatinamente, as decisões precisarão levar em conta esse aspecto com a mesma importância que hoje têm os custos de manutenção e os valores que envolvem a produtividade do equipamento.

Algumas "tradições" das análises terão de ser descartadas, por exemplo:

- "As máquinas vão durar muito e serão úteis em toda a sua vida útil." Acreditamos que a obsolescência técnica e o grande número de lançamentos de novidades tecnológicas farão com que peças de reposição e insumos específicos de máquinas mais antigas sejam cada vez mais raros e caros, incentivando a troca do equipamento em detrimento da reforma ou melhoria.
- "Conseguiremos vender a máquina usada facilmente e por um bom preço." Já se tem visto um efeito no mercado de equipamentos usados, e acreditamos que os problemas só tendem a aumentar com o tempo. Será cada vez mais difícil encontrar alguém que queira uma máquina desatualizada, com peças e insumos caros e para fazer produtos que já não atendem o mercado por um preço fora dos padrões.
- "Esta será uma novidade difícil de ser imitada." Achamos que este é um ponto já repetidamente abordado. Em todos os planos do mundo empresarial a imitação é um fato. Desde a cópia de produtos até a busca das melhores práticas, a imitação passou a ser ferramenta de gestão.

Portanto, temos a certeza de que também nesse aspecto da gestão que envolve a análise de investimentos futuros não existem mais lugares para amadores. E para ajudar nesse processo de "profissionalização" dos analisadores de investimento, a seguir estão algumas sugestões para melhorar a qualidade de sua análise:

- Conheça profundamente o equipamento: não se pode analisar corretamente o que não se conhece. Vale a pena perder um tempo inicial para entender exatamente sobre o que estamos falando. Quais são as características do equipamento em questão, quais são seus diferenciais, seus problemas; conversar com alguns usuários do equipamento etc.
- Não tome decisões precipitadas, nem sob pressão: muitas vezes, para ganhar tempo, é preciso ir devagar. Existe uma tendência (e admitimos que isso pode ser um preconceito nosso) de que, sempre que lhe cobram uma decisão instantânea, é porque algo não está muito bem claro, mas interessa a alguém que o empresário decida assim mesmo. O fato

é que, se o empresário não estiver seguro, é fundamental que ele adie a sua decisão. Decisões de investimento, em sua maioria, não precisam ser feitas às pressas.
- Não tome decisões com base em apenas algumas opiniões: todas as informações devem ser entendidas, checadas (com pelo menos duas fontes) e comprovadas.
- Conheça as tendências do mercado. Converse com especialistas para entender as tendências do mercado. Leia muito. Lembre-se sempre de que o resultado de uma decisão de hoje aparecerá no futuro. E o empresário precisa ter a melhor visão possível desse futuro. Há bons profissionais especializados em analisar tendências, e é sempre bom ouvi-los antes de tomar decisões de investimentos.
- Esteja absolutamente antenado nas necessidades atuais e futuras dos clientes para que eles deem suporte ao investimento que está sendo feito, sendo parceiro nessa jornada. Afinal de contas, é ele quem vai (ou não) dar o dinheiro para pagar os investimentos e para garantir o lucro do negócio.
- Entenda de finanças: sempre dizemos que, quanto mais importante o empresário se torna em uma empresa, menos ele fala de questões técnicas e mais fala de dinheiro. É inevitável!
- Acredite na mudança, goste dela e leve-a sempre em consideração para as decisões. Vivemos e viveremos em um mundo em constante mutação e precisamos aprender a gerenciar os negócios nesse ambiente.

Essa visão busca ser diferenciada na questão que envolve a compra de equipamentos e tem como objetivo mostrar, mais do que tudo, uma grande oportunidade para empresas e vendedores que realmente estão dispostos a assessorar os seus clientes e têm produtos/ serviços compatíveis com os novos tempos. As empresas estão aprendendo que precisam investir para resolver os problemas atuais e futuros de seus clientes, em vez de comprar soluções "fantásticas" e procurar por quem tem um problema ao qual aquela solução atenda.

Os usuários de equipamentos gráficos estão cada vez mais certos de que a aquisição de equipamentos não deve ser norteada apenas pela tecnologia, mas também pelo tipo de serviços que a empresa presta hoje e que pretende prestar no futuro. E antes de decidir pela troca ou compra de novos equipamentos, deve-se analisar com muito cuidado quanto essa nova máquina poderá incrementar o negócio existente, pois é sempre preciso evitar a aquisição de equipamentos que ficarão disponíveis em nossa fábrica, porém atuando com capacidade reduzida.

O fato é que o mundo dos negócios, e particularmente o mundo gráfico, atravessa um momento de grandes transformações, que mexerão com toda a estrutura do ramo, desde os modelos de negócios, passando pelos sistemas de gestão e chegando aos processos industriais. E sempre em um ambiente de recursos escassos. Logo, quem souber utilizar esses recursos de maneira inteligente e eficaz terá vantagem competitiva para sobreviver e prosperar nesse ambiente. Que venha o futuro!

CAPÍTULO 4

Administração de finanças – nem tudo é lucro

Em um mundo globalizado, o concorrente pode estar em qualquer lugar, e, quando isso acontece, a concorrência fica ainda mais intensa e o poder em uma negociação passa a ser totalmente do cliente. A consequência disso para as empresas é que elas perdem o controle da variável "preço". Está mais do que claro que os preços dos produtos e serviços, hoje, são ditados pelo mercado. E como não se pode controlar os preços, resta às empresas administrar os seus custos.

É comum ouvir de vários empresários gráficos que hoje uma empresa ganha mais dinheiro comprando do que vendendo, o que mostra a importância do controle de custos no dia a dia das empresas. Portanto, os gestores das empresas precisam aprimorar seus conhecimentos sobre economia, finanças e custos, para ter a sua empresa sob controle e, consequentemente, gerar resultados consistentes e duradouros.

Os textos a seguir trazem uma abordagem abrangente sobre os principais aspectos do controle de custos e apuração de resultados para a indústria gráfica e podem servir de apoio para as decisões fundamentais que os empresários têm de tomar no dia a dia a fim de manter as empresas saudáveis e prósperas.

CONTROLE DE CUSTOS: MAIS DO QUE UMA NECESSIDADE, UMA OBRIGAÇÃO

O mercado é cruel! Acompanhamos, desde a última década do século XX, alguns fatores que têm influenciado fortemente a forma de fazer negócios na indústria em geral, e de maneira particularmente gritante na indústria gráfica. Vamos tratar de alguns deles.

1) Acirramento da concorrência.
A década de 1990 marcou um incrível aumento na capacidade instalada da indústria gráfica nacional, sem o respectivo aumento da demanda. Muitas novas empresas se formaram, grupos estrangeiros se instalaram no Brasil, e, mesmo considerando que em muitos casos a chegada desses grupos se deu por meio da aquisição de empresas existentes, sempre ocorrem adaptações da capacidade instalada; e as empresas existentes se equiparam, buscando maior competitividade, mas criando o efeito colateral da excessiva capacidade oferecida ao mercado.

2) Maior oferta da tecnologia.
As novidades tecnológicas se apresentaram nos últimos tempos de modo cada vez mais acessível. Em um primeiro momento, no final da década de 1980 e início da década de 1990, começou-se a importar equipamentos, ainda a preços muito altos. Com o passar dos anos a importação foi se tornando cada vez mais fácil e os preços cada vez menores. Chegou-se a falar de "banalização" da tecnologia.

3) Condições macroeconômicas desfavoráveis.
Infelizmente, ainda estamos longe de dizer que as condições macroeconômicas do Brasil joguem a favor de um crescimento acelerado da indústria gráfica. Variações de câmbio, crises econômicas, problemas no plano internacional (a crise de 2008, por exemplo) são assuntos por demais conhecidos e que certamente afetaram, em maior ou menor grau, os resultados de praticamente todo o parque gráfico brasileiro.

Todos esses fatores fazem com que as empresas não consigam repassar para seus preços os aumentos de custos que ocorrem no dia a dia. Nas últimas duas décadas, os fatores da globalização e do crescimento da capacidade industrial mundial, particularmente no Brasil, mudaram uma clássica fórmula do mundo dos negócios. De $P = C + L$ (o preço é a soma do custo obtido e do lucro desejado) para $L = P - C$ (o lucro ou prejuízo conseguido é a diferença entre o preço que o mercado paga e o custo que consegue obter). Hoje, a facilidade de acesso à informação permite que se comparem preços em níveis internacionais, e a facilidade de negociação e transporte faz com que, em alguns casos, comprar da China ou do Mato Grosso do Sul não seja muito diferente. Portanto, o poder do mercado está nas mãos do comprador, que resiste cada vez mais bravamente a esforços de aumento de preços.

Esses fatores também têm provocado um efeito nos níveis de exigência dos clientes. Em quase todos os casos, como os clientes são constantemente assediados por vários fornecedores, eles buscam obter o nível de qualidade do melhor fornecedor, porém com o preço do fornecedor mais barato. E, o que é pior, quando o cliente não consegue montar essa equação da forma ideal, ele prefere abrir mão do nível de qualidade a pagar um pouco mais para ter uma qualidade melhor. Óbvio que os clientes fazem isso porque *também* não conseguem repassar os aumentos de custos para seus clientes.

Para sobreviver nesta selva não resta outra saída. É preciso reduzir custos, sacrificando o menos possível os níveis de qualidade, prazo e atendimento ao cliente. É oferecer mais por menos. Todos os fornecedores estão trabalhando forte na fidelização de seus clientes e pequenas diferenças de preços não são suficientes para incentivar um cliente a trocar de fornecedor. É preciso ser o melhor gastando menos.

Mas isso é muito difícil! É verdade. Por isso é que o momento exige das empresas competência, criatividade e agressividade na gestão de custos para que se possa alcançar um grau de competitividade que permita sobreviver e lucrar em um mercado complexo e altamente volátil.

E, além disso, o momento é muito difícil para os empresários. Ninguém monta uma empresa para encolher. Todos querem resolver seus problemas com acréscimo de receitas. Isso é muito bom. O empresário aumenta as vendas, paga mais comissões, contrata mais funcionários, compra novos equipamentos, enfim, trabalha feliz e tem à sua volta pessoas motivadas e tranquilas.

Portanto, se o empresário puder adiar a decisão de atacar os custos de frente, ele o fará. Porém, se ele não for corajoso e ousado o suficiente, consequências desagradáveis podem começar a acontecer, o tempo da mudança pode passar e as consequências podem ser desastrosas.

Logo, o empresário deve ousar e encarar esse problema de frente. É o que fará a diferença entre os empresários de sucesso e os aventureiros. No entanto, para atacar os custos de forma eficaz não basta ter vontade. É preciso ter conhecimento.

O corte de custos é perigoso. Se a atuação for extremamente conservadora, os resultados obtidos serão pífios e não se alcançará a competitividade necessária. E, se a atuação for agressiva demais, corta-se o que não pode e afetam-se aspectos básicos do fornecimento ou, como se diz popularmente: "Para economizar no milho, matam-se as galinhas". Diante dessa situação, alguns aspectos devem ser considerados com muita atenção, se quisermos obter sucesso nessa empreitada. Vamos a eles:

1) Conhecer os custos.
É inevitável! Sempre que alguém fala em melhorar alguma coisa, tudo começa com a palavra *conhecimento*. Não se melhora o que não se conhece. E quando se fala em conhecer não estamos falando de ter na contabilidade pessoas que sabem o que fazem e trabalham de forma organizada. Falamos em ter uma visão gerencial correta dos custos. Quanto se gasta, onde se gasta e por que se gasta. Portanto, se sua empresa não tem esses dados organizados e gerencialmente entendidos, não vale a pena continuar o processo. Trabalhe duro até conseguir essa condição e siga em frente, pois o tempo perdido nessa fase será recuperado com sobras mais à frente.

2) Classificar os custos.
Os custos não são iguais. Saber tratar custos diferentes de formas diferentes é uma arte. Existem custos que devem ser gerenciados, custos que devem ser otimizados, e custos que devem ser simplesmente eliminados. Por isso, a classificação correta dos custos é tão importante. Atuar em um foco de custos de uma forma (gerenciando, por exemplo), quando se deveria atuar de outra (eliminação), provoca efeitos drásticos no resultado da empresa. De novo falamos em conceituação correta, e, portanto, falamos em conhecimento.

3) Ataque forte aos custos indiretos.
Ouvimos em uma palestra de um consultor, há alguns anos, que, "se você não vende ou não produz, faça alguma coisa para ajudar uma dessas duas áreas, senão você não serve para nada". Esse conceito mostra a gravidade

com que se deve tratar os custos indiretos. Deve-se ter uma visão estritamente crítica em relação a eles. De forma clara e concisa, deve-se questionar cada um dos custos indiretos de modo a checar se eles são despesa ou investimento. É muito comum que se caia na armadilha dos controles excessivos, dos comandos excessivos ou dos suportes excessivos. A regra de ouro para o tratamento dos custos indiretos é a da avareza.

4) Utilização eficiente das matérias-primas.
É o custo variável mais importante. É o que será transformado em produto, e, no caso da indústria gráfica, é, na maioria das vezes, a componente mais relevante dos custos totais. Na indústria gráfica, em geral, confundem-se os custos de matéria-prima com os custos com papel, já que o papel é, sem dúvida, o insumo mais importante. Porém, não podemos desprezar os gastos com tintas, chapas, filmes etc., pois a necessidade de melhorar os custos requer chegar aos mínimos detalhes. A matéria-prima demanda boa negociação de compra, bom aproveitamento, boa utilização e um bom tratamento dos refugos.

5) Qualificação de mão de obra.
Esta é uma discussão complexa. E para começarmos é bom conceituar duas coisas que parecem ser iguais, mas são completamente diferentes: o quanto um funcionário vale e o quanto um funcionário recebe. Por uma série de questões, que vão de aspectos legais, dispondo que pessoas com a mesma função devem ter salários iguais, até aspectos socializantes nos quais as próprias políticas de recursos humanos procuram criar patamares de equalização entre cargos similares, pequenas diferenças entre *steps* de qualificação para funções semelhantes etc. Concluímos que existe uma forte tendência de pagarmos o mesmo valor, ou quase o mesmo valor, para funcionários com funções semelhantes, *independente de seu desempenho*. Ora, sabemos que diferenças de desempenho criam verdadeiros abismos entre o valor de um excelente funcionário e um funcionário mediano (partindo-se do pressuposto de que os ruins já foram dispensados). Sendo assim, cria-se uma incoerência: paga-se a mesma coisa para funcionários com resultados completamente diferentes.

Para resolver essa incoerência, as empresas cometem um erro que em muitos casos traz resultados nefastos: promove-se o melhor funcionário para a liderança. Se esse funcionário não tiver espírito de liderança, e outras características de um líder, perde-se duas vezes. Temos um bom funcionário a menos em um péssimo líder a mais.

Porém, como se resolve essa equação com a perspectiva de custos? Conceitualmente a solução é muito simples, porém, com uma adoção muito complexa. Se o custo por funcionário for considerado como custo fixo, temos de otimizar a produtividade, pois o custo por unidade produzida cai. Logo, a fórmula simples é: fique com os excelentes e devolva os outros para o mercado. Deve-se evitar pensar em reais por funcionário e, sim, pensar em reais por unidade produzida.

Por consequência, em se tratando de material humano, deve-se seguir a regra de "poucos e bons". Estes são as pessoas que devem ser bem remuneradas e motivadas, pois delas dependerá o nível de custo de mão de obra por unidade produzida, que é, em muitos casos, um dos dois maiores fatores de relevância nos custos de um produto gráfico.

6) Se não puder eliminá-lo, negocie com seus fornecedores.
Se o empresário atuou em todas as etapas anteriores de modo efetivo, provavelmente deve ter alcançado níveis de redução de custos interessantes, o que não necessariamente quer dizer suficientes. Se tudo já foi feito, o empresário já está usando os materiais corretos, com o desempenho correto e o desperdício aceitável. Só falta verificar se o preço está correto. É hora de negociar.

É muito comum ouvirmos hoje reclamações sobre o quanto é difícil ser fornecedor. Certamente, quase a totalidade dessas reclamações faz sentido. O que não faz sentido é se a empresa que está reclamando não usa com os seus fornecedores as mesmas regalias que seus clientes usam com ele.

É hora de negociar, e muito. É hora de tornar-se importante para seus fornecedores, a ponto de que eles não queiram perder um bom cliente. Se o empresário consegue ser um bom cliente, peça preços para bons clientes, prazos para bons clientes, condições comerciais para bons clientes. O lucro das empresas, atualmente, se faz mais na compra do que na venda de produtos.

Ter executado todo esse trabalho não quer dizer que o sucesso está garantido. É hora de pensar: "O que devo fazer com esse ganho?". O maior erro é transformar o ganho em queda de preços para obter *market share*. Há a ilusão de que, após conquistar uma boa fatia do mercado utilizando a tática predadora de aplicação de preços muito baixos, será possível retomar os níveis de preços anteriores por meio de um bom atendimento, qualidade estável etc. *Isso nunca acontece!*

Os clientes se acostumam fácil e rapidamente com níveis de preços mais baixos, além disso, não se pode esperar que os concorrentes admirem e aplaudam a estratégia sem nenhuma reação. A tendência é de que, em uma guerra de preços, eles cheguem a patamares mais baixos do que todos os fornecedores gostariam e que o único que se diverte com tudo é o cliente.

O que se deve fazer é repassar esse ganho para os preços, se isso permitir a sua inclusão no mercado. Se a redução não permitiu essa entrada, não caia na tentação de baixar mais os preços para depois buscar uma redução. Pode ser uma saída perigosa. Esse trabalho, quando benfeito, mostra se o empresário está ou não no mercado, se é ou não um *player*. Se ele acha que fez um excelente trabalho e mesmo assim não conseguiu entrar, deve desistir. É preciso ir atrás de outro mercado onde possa ser competitivo.

Agora, se o empresário está dentro do mercado, deve fazer o melhor. Transformar essa redução em lucro. Nenhuma empresa vive muito tempo sem fazer reservas de capital. Todos têm de investir, todos querem crescer, o mercado sempre tem momentos melhores e piores. É preciso estar preparado. Portanto, se o empresário pode aumentar um pouco o lucro agora, deve usufruir dele inteligentemente, pois não se sabe o quanto isso durará.

Ao lado de todas essas questões, há um aspecto que é a grande causa de resistência para a execução do trabalho de redução de custos: a vontade de vencer, natural do ser humano. Essencialmente, o homem gosta de ser um vencedor e de se cercar de uma equipe de vencedores. E um trabalho de redução de custos tem o sabor de uma derrota. Estamos falando de demissões, de penalizar maus desempenhos, brigar com fornecedores, produzir insatisfação ao cortar despesas, ou seja, quase nada traz um retorno gratificante em curto prazo.

No entanto, o motivo pelo qual dissemos anteriormente que o mercado é cruel, é porque ele não perdoa os apáticos, que só observam e esperam que tudo se resolva sozinho. Assim como não perdoa os preguiçosos, que começam projetos e não dão continuidade perante as dificuldades que se apresentam. O mercado também não perdoa os conciliadores que pretendem adotar soluções difíceis sem machucar ninguém. E da mesma forma não perdoa os ignorantes (no sentido de falta de conhecimento) que adorariam fazer alguma coisa, mas não sabem o quê; e finalmente o mercado não perdoa os incompetentes que sabem o que precisam fazer mas não conseguem fazê-lo.

A tarefa é árdua, mas não se pode deixar de encarar o problema de frente. Provavelmente, quem se sair bem nessa tarefa difícil agora, usufruirá dos benefícios de tempos melhores que virão. E esses tempos hão de vir.

Margem de contribuição e controle dos custos fixos: como montar e manter uma estrutura empresarial saudável

O mundo dos negócios é, acima de tudo, um grande "tomador" de tempo dos gestores. Os executivos precisam tomar um número cada vez maior de decisões e o tempo disponível para isso vem diminuindo gradualmente. É preciso agir, agir e agir; e muitas vezes falta tempo para pensar. Muitos empresários e executivos, em seus raros momentos de reflexão, carregam a seguinte dúvida: *Será que estou no caminho certo? Como posso ter a certeza de que o meu negócio está no caminho da prosperidade?* Muitas vezes faltam parâmetros para essa análise. E o ideal é que esses parâmetros sejam simples e fáceis de lidar para que o executivo possa rapidamente avaliar se suas ações estão a favor ou contra o resultado esperado, que é o lucro hoje e o lucro sempre!

É de alguns desses parâmetros que trataremos neste texto. De início, vamos comentar um padrão que certamente **não** deve ser considerado nesta análise, apesar de ser o fator mais comum nas conversas sobre resultados entre executivos: *o faturamento*.

"Minha empresa fatura x milhões"; "Aquele empresário está bem. Tem uma empresa que fatura o dobro da minha!". Esse tipo de comentário é muito comum nas conversas de empresários e funciona como um termômetro informal de sucesso empresarial. Mas é um terrível engano!

O faturamento só reflete a entrada de dinheiro na empresa. É apenas uma das variáveis. Ela não reflete resultado. Por exemplo, dentro do faturamento estão as comissões, alguns impostos, taxas financeiras e despesas com terceirizações que têm pouca relação com o resultado efetivo obtido na execução do produto ou serviço. Duas empresas com faturamentos iguais podem ter resultados completamente diferentes, dependendo da estrutura industrial e do sistema de custos.

Portanto, não se deve levar o faturamento em consideração para avaliar uma empresa. Faturamento pode dar ideia de tamanho, mas não de qualidade. Entretanto, se o faturamento não serve, quais são os parâmetros que ajudam na avaliação da qualidade do resultado da empresa?

Vamos falar de dois itens que podem ajudar (ou resolver) essa questão: o controle dos "custos fixos" e o "acompanhamento das margens de contribuição". Vamos discuti-los em detalhe para verificar como esses fatores podem medir a saúde de uma empresa.

Controle dos custos fixos

Inicialmente, é bom que se defina claramente o que são os custos fixos e os custos variáveis. Os custos variáveis, ou também chamados custos diretos, são aqueles apropriados a apenas um produto ou serviço, e somente incidem se o produto ocorrer. Se não existe o produto, não existe o custo. Dessa forma, esses custos variam proporcionalmente a uma variação do volume de produção (tiragem).

Na indústria gráfica os custos diretos típicos são as matérias-primas diretas, como papel, tinta, cola, caixas; os serviços terceirizados e as despesas diretas de venda, que incluem comissões, impostos de venda e custos financeiros provenientes de vendas a prazo.

Ao contrário, os custos fixos, também chamados de custos indiretos, são aqueles que não guardam relação direta com um produto ou serviço. Esses custos incidem independentemente da existência ou não do produto ou serviço, e, por isso, precisam ser rateados entre as áreas produtivas para serem cobrados. Aparecem nos orçamentos gráficos na forma de horas-máquina ou horas-homem. Esses custos permanecem constantes, ou com variações não relevantes, em relação às variações de volume dos produtos/serviços.

São exemplos de custos fixos na empresa os custos de mão de obra, os custos administrativos, as contas de água/luz/gás, que, mesmo apresentando alguma variação de acordo com o volume de trabalho, podem ser consideradas custos fixos; os materiais auxiliares que não incidem diretamente em apenas um produto, aluguel etc.

Podemos considerar que o total de custos fixos representa o custo da estrutura de que a empresa precisa para viabilizar a execução de seus produtos/serviços. E, como alguns empresários comentam de uma ótica completamente prática, "é a conta que se apresenta no primeiro dia do mês, e que a empresa tem de pagar independentemente do trabalho a ser realizado nesse período".

Não parece ser necessária uma especialização em custos para perceber que os custos fixos têm uma importância capital na gestão de uma empresa. Juntando os fatos de que ele incide à parte da produção, que representa a estrutura da empresa e que serão rateados pelas áreas da produção, pode-se concluir facilmente que a regra básica para a administração dos custos fixos é que, "quanto menor, melhor".

E essa regra pode, e deve, orientar todas as decisões empresariais do dia a dia. O gestor deve sempre se perguntar se as ações tomadas aumentam o custo fixo da empresa. Se a resposta for positiva, sabe-se que a ação está aumentando o ônus da empresa a ser pago no final de cada mês, e que essa ação só será realmente benéfica se o resultado da sua adoção trouxer resultados financeiros relevantes e consistentes para a empresa.

Porém, o que se quer dizer com relevantes e consistentes? Relevantes pois se espera obviamente que o resultado financeiro da ação traga valores de benefícios (muito) maiores que o seu custo. E consistentes pois também se espera que esse benefício seja contínuo, pois o custo fixo adotado é considerado "para sempre", e, portanto, o seu benefício igualmente tem de ser.

É fácil constatar que as decisões que envolvem o aumento do custo fixo devem ser tomadas com extremo cuidado. É muito recomendável que tais decisões sejam tomadas por pessoas capazes e com visão estratégica. A decisão de aumento de custo fixo pode ser muitas vezes difícil e custosa para ser anulada, portanto deve ser muito bem analisada *previamente.*

O erro mais comum é adotar medidas definitivas, com seu aumento no custo fixo da empresa, para problemas transitórios, que duram um tempo e depois desaparecem. Se não houver uma boa análise e um bom controle, pode ocorrer de o problema não ocorrer mais, porém os custos envolvidos na sua solução continuam a incidir para a empresa por um bom tempo.

Toda a atenção é necessária. Portanto, dê a chave do cofre para a pessoa na empresa que tiver a maior consciência de que ,"por princípio", custo fixo é ruim, e que ele só deve ser aplicado quando há a contrapartida de resultado proveniente dessa ação.

Margem de contribuição

O segundo elemento que deve ser considerado na análise dos resultados de uma empresa gráfica é a "margem de contribuição". Este é um fator muito comentado e pouco entendido. Vamos começar, portanto, pela discussão do termo em si. O correto seria dizer que o que usualmente chamamos de margem de contribuição é exatamente *a contribuição financeira de um produto para amortização dos custos fixos da empresa.*

Vamos explicar melhor. Usa-se o termo *margem* porque normalmente transformamos essa contribuição financeira em uma porcentagem sobre o faturamento. Apesar de isso não ser considerado um "erro", é melhor analisarmos a contribuição mais pelo seu valor absoluto. Se a soma de todos os valores financeiros da *contribuição* for maior que o total dos *custos fixos* da empresa, ela teve lucro, caso contrário, está com problemas.

A utilização da porcentagem da *margem de contribuição* leva muitos gestores a pensar num valor de porcentagem ideal (da mesma forma como pensamos para as margens de lucro), e essa visão cria distorções que mais confundem do que clareiam os problemas de gestão da empresa.

Vamos usar um exemplo para elucidar melhor essas questões usando um orçamento gráfico feito por um desses *softwares* especializados que temos no mercado. Normalmente, encontramos os seguintes componentes na formação do preço (não necessariamente nesta ordem ou exatamente com estes nomes):

- custos de matérias-primas;
- custos de transformação;
- custos de terceirizações;
- custos de venda (comissões e impostos);
- custos financeiros;

- margem de lucro;
- valor de venda.

Deve-se reparar que os custos de matérias-primas, de terceirizações, custos de venda e custos financeiros se enquadram como *custos variáveis*; e o custo de transformação, que aparece nos orçamentos na forma de cobrança de hora-máquina ou hora-homem, é uma forma de rateio dos custos fixos para que possam ser cobrados do cliente.

Portanto a *margem de lucro* equivale ao *valor de venda* menos *todos os custos*. E a *contribuição para amortização dos custos fixos* equivale ao *valor de venda* menos todos os *custos variáveis*. Ou observando de outra ótica, é a soma dos *custos de transformação* mais a *margem de lucro*.

A utilização da *contribuição* é mais eficiente que a *margem de lucro*, pois, analisando-se profundamente, o conceito de lucro ou prejuízo de um produto não faz sentido gerencialmente. Quer um exemplo?

Se vendermos um produto com "lucro" altíssimo, e ficarmos com a fábrica parada o restante do mês, a fábrica terá prejuízo. Lucro ou prejuízo são conceitos de empresa, não de produto. E a análise da *contribuição* é feita exatamente dessa maneira.

Repetindo o que foi apresentado em alguns parágrafos antes: se a soma de todos os valores financeiros da *contribuição* for maior que o total dos *custos fixos* da empresa, ela teve lucro, caso contrário, teve prejuízo. No entanto, só saberemos disso se olharmos todos os trabalhos em todo o período. É assim que deve ser.

De uma forma prática, poderíamos imaginar que a empresa tem um cofre do tamanho de seus *custos fixos*. A cada venda, a empresa pagaria os seus custos variáveis (as matérias-primas para os fabricantes, a comissão para o vendedor, as terceirizações para os fornecedores, os impostos para o governo) e o que restasse seria colocado nesse cofre. Enquanto ele não estiver cheio, a empresa nada lucrou. Ela só está juntando o dinheiro necessário para pagar, no final do período, os seus custos fixos.

A partir do momento que esse cofre está cheio, todo o dinheiro que ultrapassar os custos variáveis dos serviços, passa a ser resultado para a empresa. E o ciclo recomeça a cada período com um "novo" cofre a ser preenchido com as contribuições das vendas menos os custos variáveis do próximo mês.

Portanto, gerencialmente falando, o gestor deve ter sempre em mãos o valor do *custo fixo* da sua empresa e como está a soma das *contribuições* no mês. A verificação de quanto essas contribuições já cobriram os custos fixos da empresa e quanto tempo resta para o final do período são os pilares para as tomadas de decisão pontuais em relação à aceitação ou não de novos pedidos ou em relação a possíveis negociações de preço com seus clientes.

É importante ressaltar que não existem regras fixas para a tomada dessas decisões pontuais. Não existem regras do tipo "Se já estamos na segunda quinzena do mês e ainda não se atingiu pelo menos x% do custo fixo, deve-se flexibilizar as negociações comerciais", pois o número de variáveis é muito grande.

A situação do mercado influencia bastante nessas decisões, assim como o "fator memória" dos clientes, isto é, se cedermos em algumas negociações por questões momentâneas, o cliente desejará ter sempre as vantagens concedidas no momento. É preciso muita atenção e muito cuidado. O gestor deve ter em mente que as decisões são circunstanciais e, além de estar bem informado, ele precisar usar muito bem o seu tino comercial.

Agora, existem algumas conclusões que podem ser obtidas se, consistentemente, a somatória das *contribuições* não atingir o total dos *custos fixos*. Vamos apresentar três prováveis causas para esse problema.

1. Custos fixos altos
É normalmente a causa mais provável de problemas nessa análise. A estrutura da empresa está inchada e isso se reflete na dificuldade de cobrir os custos fixos gerados por ela. É sempre importante repetir que o custo de hora-máquina não reflete apenas os custos da máquina que está sendo utilizada. Ele é um rateio de todos os custos fixos da empresa que são alocados e rateados nos centros de custo produtivos, que são os únicos que permitem, para a empresa, a geração de receita.

A redução do custo de hora-máquina está atrelada à diminuição dos custos fixos, que estão distribuídos por toda a empresa. Portanto, se esse problema se evidencia, é chegado o momento (amargo) de rever toda a sua estrutura de produção, de vendas e administrativa e de questionar todas as despesas incidentes na empresa.

Uma sugestão interessante para os empresários, de uma forma geral, é que eles devem cuidar desses aspectos principalmente em épocas de prosperidade, pois é nesses momentos que a empresa "baixa a guarda" e se permite novas contratações, novas despesas e certos luxos que em momentos mais difíceis ela não se permitiria.

Ora, está mais do que provado que a economia atua em ciclos e que, após tempos de prosperidade, surgem tempos difíceis, depois novos tempos de prosperidade e assim por diante. A duração desses ciclos muda e sua intensidade também, porém, quando estiver em tempos de prosperidade, o empresário não pode esquecer que tempos difíceis virão um dia, e que é melhor se preparar para a chegada deles do que tomar medidas emergenciais quando estiver no meio de uma crise grave. Portanto, cuidar dos *custos fixos* é a primeira e a mais importante medida a ser tomada.

2. Margens baixas
Outro problema que pode estar acontecendo, quando a questão dos custos fixos está equacionada, é a consistente venda de produtos com margens muito baixas. Dificuldades de mercado, alto grau de concorrência, falta de preparo da equipe de vendas e defasagem tecnológica podem ser os fatores que influenciam a venda com margens baixas.

E, dentro da empresa, o significado disso é que se terá de trabalhar mais para ganhar a mesma coisa. Aumentam os custos, aumenta o risco de problemas, e diminui a possibilidade de aproveitamento de oportunidades por disponibilidades de recursos imediatos.

A análise aqui deve ser profunda quanto à duração do problema. Se ele for temporário, podem-se estabelecer políticas para redução temporária de despesas, planos de contingência e políticas agressivas de venda para o período.

Porém, se as perspectivas são de longo prazo, é necessário reanalisar a carteira de clientes, a equipe de vendas e a estrutura fabril, para readequar a empresa comercial e industrialmente e criar um novo cenário no qual a possibilidade de cobrir os custos fixos com a somatória das contribuições seja novamente possível.

3. Inadequação produto/fábrica
Esse problema é muito comum em situações em que a empresa fazia determinada linha de produtos que, por alguma razão, normalmente tecnológica ou de mercado, foi descontinuada ou sofreu grandes alterações estruturais.

Essas fábricas têm equipamentos, dispositivos, estrutura de *staff* e pessoal treinado para determinado tipo de produto/serviço e, pelas razões apresentadas anteriormente, são direcionados a outro tipo de produto.

Na indústria gráfica, por mais semelhantes que sejam alguns processos, uma mudança de linha de produtos é um processo difícil. Passar de uma gráfica editorial de revistas para promocional, ou de promocional para embalagem não é um processo simples. Mudanças de gráficas de formulários contínuos para etiquetas, ou uma gráfica de *offset* para flexo são ainda mais importantes.

O fato é que, quando a empresa precisa se "redesenhar", ela procurará sempre utilizar ao máximo os recursos que já possui, para minimizar os investimentos e as mudanças estruturais. O problema é que esse processo leva a uma série de "remendos" que desconfiguram a empresa que, ao final, nem deixou de ser uma empresa do ramo anterior nem passou a ser do novo ramo. Ela se transforma em um "Frankenstein" que tende a ser cara e ineficiente nos processos a que se propõe a atender.

O processo para se tornar eficiente deve partir da capacidade que a empresa precisa ter para resolver as solicitações de seus clientes de maneira eficaz e economicamente viável. Quando uma empresa é criada a partir de outra, de um segmento diferente, na verdade, tenta-se encontrar, primeiro, uma solução para depois correr atrás de quem tem o problema. Ou, ainda pior, tenta-se convencer os clientes de que eles têm um problema que a solução da empresa resolve. Em ambos os casos, a possibilidade de sucesso é pequena. É preciso realmente se readaptar ao novo cliente.

Mas essa inadequação não surge apenas nessa situação de mudança de ramo. Visões míopes de certos empresários podem levá-los a montar uma empresa que está inadequada do ponto de vista de atendimento ao cliente. Alguns investimentos errados, suposições equivocadas sobre o andamento do mercado e da tecnologia podem também criar empresas inadequadas, que, como no caso anterior, tendem a ser caras e ineficazes.

O empresário deve, portanto, fazer rapidamente as correções de rota necessárias, fugindo dessas três causas de problemas que podem ser fatais, controlando muito de perto os seus *custos fixos* e acompanhando diariamente como estão as *contribuições* dos trabalhos vendidos e produzidos pela empresa. Só assim terá a tranquilidade de gerir uma empresa equilibrada e saudável.

Uma das consequências praticamente certas de quem fizer esse trabalho com dedicação é a criação de FOCO na empresa. Foco é uma das características mais importantes das empresas modernas que buscam ser competentes e que oferecem diferenciais competitivos reais para os seus clientes.

Empresas focadas são aquelas que sabem escolher os seus clientes, conhecem muito bem os seus problemas, têm uma estrutura enxuta, eficaz e competente para resolver esses problemas e sabem cobrar por isso. E, além disso, são empresas que se renovam a cada dia, acompanhando sempre o seu desempenho, aprendendo com os erros e verificando constantemente pontos de melhoria e inovação para ser uma boa opção para os clientes hoje e sempre.

O controle dos custos fixos com o acompanhamento das contribuições são as ferramentas mais importantes para dar suporte a empresas com essa visão, no sentido de perceber rapidamente possíveis variações e reagir prontamente a elas. Às vezes até se antecipando aos problemas para ajudar os clientes em seus negócios, formando parcerias saudáveis que ajudarão a garantir um futuro próspero e tranquilo para ambas as empresas.

Capítulo 5

Administração de recursos humanos: de profissional a patrão – a arte de extrair o melhor de cada um e de administrar conflitos

Eu não sei se as pessoas são as causas de todos os problemas,
mas certamente são as fontes de todas as soluções.

Nas empresas do século XXI, o diferencial competitivo estará certamente centrado na boa geração, manutenção e potencialização de seu capital intelectual. Recursos físicos, como máquinas e equipamentos, e recursos financeiros tendem a ser mais fáceis de ser obtidos e geridos do que os recursos humanos. A variedade de equipamentos disponíveis no mercado é enorme e se, há algum tempo, a aquisição desses equipamentos era apenas um sonho para boa parte dos empresários, isso não ocorre mais. Linhas de financiamento tornam os equipamentos mais acessíveis a todo tipo de empresa.

Porém, lidar com recursos humanos é completamente diferente. As pessoas são muito parecidas, mas completamente distintas. Cada um tem a sua formação, o seu potencial, as suas virtudes e seus defeitos e se motiva por questões específicas. E são dessas pessoas que o líder tem de obter os resultados que a empresa precisa.

Acreditamos que todo ser humano nasceu para ser um vencedor. No entanto, para que isso aconteça efetivamente, é necessário que o ambiente em que a pessoa atua esteja adequado para que ela possa atingir o seu máximo. Esse é o desafio do líder. Tirar de cada um o que ele tem de melhor e montar uma equipe na qual a soma das individualidades seja menor que o resultado do grupo. Os textos a seguir discutem vários desses aspectos, que certamente são os mais relevantes na obtenção do sucesso pleno e duradouro das empresas.

Motivar a equipe: O grande desafio da liderança

Existem diversos textos sobre gestão sendo publicados diariamente e, entre eles, muitos tratam do tema liderança, que certamente é um dos assuntos mais polêmicos e complexos da gestão. O líder tem um fardo pesadíssimo a carregar e são exigidos dele muita competência, capacidade de negociação, comando, uma visão geral do negócio e muito equilíbrio. São muitos os desafios que esse grupo de pessoas precisa superar no dia a dia. Vamos comentar sobre aquele que achamos ser o principal deles: o desafio de motivar a sua equipe.

Na verdade, o fator motivação já é parte de um grande desafio que é *Montar e manter uma boa equipe!* Existe um fato inequívoco: o resultado do trabalho do departamento de um líder não sai de suas mãos. Ele estrutura, coordena, prepara e administra uma equipe que tem de apresentar os resultados previstos e negociados pelo líder com a empresa. E, emprestando o exemplo do futebol que todo mundo conhece, o líder é o primeiro culpado quando a equipe não vai bem e os resultados não são atingidos.

Portanto, nem que seja apenas para preservar a sua posição, o líder tem de montar uma boa equipe como condição básica para o atendimento de todas as outras demandas que a empresa terá. Mas o que é uma boa equipe? Vamos responder a essa pergunta revelando algumas características que os membros de uma equipe precisam manifestar:

- *Capacitação técnica*
  É básico! Uma boa equipe sabe fazer o que precisa ser feito e consegue avaliar a qualidade do que fez. Se o líder não tem essa característica, as outras podem ser inúteis. É fundamental que se conheça o perfil técnico dos funcionários: se eles conhecem tecnicamente, é necessário mantê-los atualizados; se eles não têm esse conhecimento, mas têm potencial

para obtê-lo, é necessário treiná-los; porém, se eles não conhecem e o líder não percebe neles o potencial para aprendizado em curto/médio prazo, é necessário substituí-los, mesmo que eles sejam pessoas agradáveis, com boa vontade etc. É preciso lembrar que a equipe só existe porque existe um produto ou serviço a ser executado. Se falta capacitação para isso, falta tudo.

- *Postura adequada/atitude*
Entendemos que, se a capacitação técnica pode ser considerada o motor do departamento, a postura é o combustível. De nada adianta ter o melhor motor do mundo, se faltar o combustível: o departamento não anda! E aqui vemos um pouco mais de dificuldade do que no item anterior, pois, diferentemente da capacitação técnica, a postura é um comportamento muito difícil de ser *treinado*. O máximo que se pode fazer é tentar sensibilizar a pessoa para que ela queira mudar sua atitude. A atitude só muda se o próprio indivíduo quiser.

    Por conta da afirmação anterior, mudaríamos um pouco o texto sobre capacitação técnica, reescrevendo-o da seguinte forma: *se eles não têm esse conhecimento, mas têm potencial para obtê-lo* e apresentam uma postura adequada, *treine-os*. É mais fácil conviver e obter resultados de colaboradores carentes de conhecimento, mas que têm a postura adequada, do que de um colaborador que sabe muito, mas não tem atitude. A base do crescimento é o aprendizado; só aprende quem é humilde e só é humilde quem tem postura adequada.

- *Motivação para o trabalho*
Uma equipe capacitada e com postura adequada ainda não é tudo. Falta o *querer*! A motivação é o que impulsiona o ser humano a querer fazer o que sabe e o que pode. Acreditamos que todos já tenham convivido com variações estupendas de desempenho, fruto de aspectos motivacionais: são as mesmas pessoas, com a mesma postura, mas em momentos distintos. A motivação se manifesta no trabalho mediante a capacidade de concentração, da disponibilidade para o trabalho, da disposição para resolver problemas, da cooperação e da vontade de manter bons relacionamentos.

A equipe só pode, em nossa opinião, ser considerada boa quando reúne esses três elementos. Entretanto, neste capítulo focaremos essencialmente a motivação, pois todos sabem muito bem o que é motivação, quando se é o sujeito a ser motivado, mas poucos refletem profundamente o que é motivação, quando se é o sujeito que deve motivar. Vamos tentar entender claramente esse processo.

O primeiro aspecto a discutir é o que vem a ser *motivação* e como podemos motivar alguém. Vamos fugir de definições clássicas e procurar focar o tema de modo bastante prático, com os pés no chão de fábrica. Desse prisma, pode-se fazer duas ponderações em relação ao tema:

1º Motivação é *individual*: pessoas diferentes se motivam por razões diferentes. Qualquer tentativa de padronizar situações motivacionais tende a ter sucesso relativo, pois cada um enxergará essa situação de forma diferente e interpretará os objetivos dentro de seus valores, suas necessidades e seus interesses.

2º Motivação está sempre ligada ao futuro: todos estão constantemente *investindo* no futuro. Afinal, se não fosse assim, o que levaria alguém a fazer sacrifícios destinando parte de seu tempo e de seu dinheiro em cursos, ou o que levaria a aceitar situações desconfortáveis agora, esperando que no futuro as coisas se resolvam? O fato é que a motivação está sempre ligada ao conceito de *um futuro melhor*.

E, considerando essas duas ponderações, permitimo-nos enxergar a motivação da seguinte forma: a pessoa se sentirá motivada no trabalho quando perceber um alinhamento, no futuro, entre o seu projeto de vida pessoal e as perspectivas que a empresa onde trabalha está oferecendo para viabilizar o projeto. Ou, de outra maneira, o quanto a empresa está *asfaltando* a estrada do seu projeto de vida.

Se o projeto de vida de alguém é ficar rico, ele desejará uma empresa que pague bem; mas se o projeto de vida dessa pessoa for ter status, ela procurará uma empresa que dê muitas oportunidades de crescimento, e assim por diante. Se concordarmos com essa visão individualista da motivação, fica, então, a pergunta: De que forma a empresa, como instituição, pode motivar um funcionário?

Entendemos que a participação da instituição é bastante limitada. As políticas de recursos humanos, o ambiente de trabalho, a prática de um salário justo e benefícios interessantes têm um papel preponderante na *escolha* da empresa onde se deseja trabalhar. Com o tempo, porém, esses atributos são "absorvidos" pelas pessoas que passam a encarar aquilo como algo natural e não como fonte de motivação constante. É algo que só é notado quando é ruim! Funciona apenas como um fator de desmotivação se não atende às necessidades, mas não funciona como um fator de motivação quando é compatível com as carências dos funcionários.

Agora, se a empresa tem um papel limitado, a quem cabe a função de administrar a motivação dos funcionários? Esta é mais uma função do *líder*. Ele convive diariamente com seus funcionários e, portanto, cria um relacionamento com eles. É esse relacionamento que permitirá que as pessoas se conheçam e que deixem aflorar as visões de cada um, para que o ambiente propício para a motivação esteja presente.

Continuam, no entanto, as perguntas: Como o líder poderá motivar pessoas diferentes com visões, valores e ambições distintas dentro do competitivo ambiente de trabalho? Antes de comentarmos o que fazer, vale a pena nos aprofundarmos sobre o que *não* fazer.

Tudo o que um líder não deve fazer é falar o que as pessoas querem ouvir para ser *legal* com elas. A grande confusão que muitos líderes fazem é imaginar que, proporcionando conforto de curto prazo para o funcionário, o problema está resolvido, ou parcialmente resolvido, ou adiado. Parece que o importante é terminar logo o diálogo com o funcionário e, se possível, com sorrisos e apertos de mão no final. Resolve-se o hoje e o amanhã... pensamos amanhã.

Falar o que o funcionário quer ouvir normalmente se transforma em elogios inverídicos, promessas que serão impossíveis de ser cumpridas, aceitação de reclamações improcedentes, posicionamentos controversos; tudo para que o final daquela conversa seja tranquilo (no curto prazo). Essa é a receita do que não fazer, porque o líder não conseguirá enrolar todo mundo, o tempo inteiro. Quando a verdade vem à tona, os efeitos negativos, que desmotivam, serão infinitamente maiores do que os pseudoefeitos positivos (que achamos que motivam) produzidos naquela conversa rápida.

O que o líder pode fazer efetivamente, segundo a definição citada antes, na qual se busca o alinhamento entre o projeto de vida de cada um e as perspectivas oferecidas pela empresa, é apresentar de maneira clara o ambiente profissional no qual o funcionário está inserido para que ele possa, com muita tranquilidade, tomar as decisões pessoais e profissionais em relação ao seu futuro.

Falando de uma forma mais simples: "permitir que cada um seja dono do seu nariz". A relação patrão-empregado é uma relação contratual que pode ser quebrada por ambas as partes, desde que sejam seguidas algumas regras e que os direitos de ambos sejam preservados. Sendo assim, podemos dizer que a empresa escolhe os seus empregados, mas também os empregados escolhem a empresa onde querem trabalhar. É fato que o mercado não está tão tranquilo a ponto de permitir que o funcionário saia da empresa quando não se vê motivado, mas a verdade é que a lei assim o permite. Também é fato que funcionários desmotivados têm uma vida difícil e a empresa a que eles estão vinculados igualmente tem perdas com isso.

Portanto, a função do líder no processo de motivação é *posicionar*. No relacionamento entre líder e colaborador é fundamental que ambos estejam com todas as informações na mão para que as decisões tomadas por ambos sejam as melhores possíveis. Todas as situações devem estar claras. Existirão aspectos muito positivos que causarão alegria, aumentarão a disposição e deixarão as pessoas tranquilas; mas também existirão os momentos preocupantes que causarão tensão, apreensão e medo. Todos devem estar à mão; da forma mais transparente possível.

Deve-se evitar, a qualquer custo, que faltem informações para que as pessoas tomem as suas decisões e, mais ainda, que as pessoas tomem suas decisões baseadas em fatos inverídicos. Uma pessoa pode tomar uma decisão difícil com efeitos negativos, mas, se tomar tal decisão baseada em fatos reais, não haverá arrependimento, pois fez o melhor que pôde com a situação que tinha em mãos. O que traz arrependimento ou raiva é tomar a decisão errada porque não tinha todas as informações em mãos a fim de avaliar o ambiente, assumir os riscos e tomar a melhor decisão possível.

Observe que, no relacionamento líder-colaborador, a ideia básica para criar um ambiente motivador é a produção de *confiança* entre ambos. O colaborador, ao confiar em seu líder e conscientizar-se de que ele é o representante da empresa perante os funcionários, entende e interage com o ambiente real em que trabalha e poderá, de acordo com seus valores e conceitos, avaliar se está no caminho certo e, assim, ficará motivado para tomar as decisões pessoais necessárias para melhorar seu futuro e o de sua família.

E é fato que para a empresa também interessa que, do seu grupo de colaboradores, a maioria esteja *alinhada* com suas políticas, pois, dessa forma, agirão com motivação para que a empresa melhore. Quando isso acontece, os dois lados ganham.

No dia a dia, a confiança entre líder e colaborador aparece no processo de comunicação entre ambos. Essa comunicação pode se dar de diversas formas: desde a instrução para a execução de uma tarefa até uma conversa informal durante a refeição, passando por avaliações de trabalhos, reuniões para discutir problemas, solicitação de alguma ajuda pessoal, análise de alguma sugestão de melhoria etc. Em resumo, o líder e seus colaboradores devem se comunicar o tempo todo, todo dia, a semana inteira, por anos a fio.

Nesse processo, para o líder criar confiança entre seus colaboradores deve sempre estar preocupado com três fatores presentes: respeito, diálogo e verdade. Vamos detalhar como cada um deles molda o processo de comunicação entre líder e colaborador e como essa disposição desperta a confiança.

- *Respeito*

    A confiança só existe entre pessoas que se sentem *iguais* como seres humanos. Entretanto, é fato que, na estrutura hierárquica de uma empresa, o líder e seus colaboradores não são *iguais*; eles ocupam níveis diferentes na hierarquia e existe uma relação formal de subordinação entre eles.

    Diante dessa situação, observa-se que muitos líderes fazem questão de tratar os seus colaboradores como *diferentes* e, não raro, como *inferiores*. Ora, nesse ambiente, no qual prevalece uma relação de submissão, é muito pouco provável que haja respeito, pois o espaço será ocupado pelo medo, pela inibição e pelo preconceito. O líder deve estar disponível para os seus colaboradores, deve mostrar claramente que a diferença hierárquica mostra apenas diferenças de funções e não significa um distanciamento entre os seres humanos. É preciso deixar a "porta aberta" para que o colaborador possa se sentir à vontade a ponto de dialogar e expor suas ideias, seus anseios e tudo o mais.

Note que para o líder criar esse ambiente de respeito deverá exercitar muito a humildade e não pode sofrer da síndrome da "embriaguez do poder". Certamente, para muitos, esses aspectos são naturais e não exigem esforço, mas, para alguns, significam mudar conceitos e repensar a forma de enxergar o poder e a hierarquia nas empresas.

- *Diálogo*

Para haver motivação, deve existir confiança. Para haver confiança, deve existir comunicação. E para haver comunicação, as pessoas precisam falar e ouvir. Nesse ponto, as coisas se complicam, porque a capacidade de ouvir surge como um dos grandes problemas existentes na maioria das empresas, responsável por dificultar o processo de comunicação entre líder e seus colaboradores.

Respeitar os colaboradores é correto. Como já foi dito, essa atitude abre portas. Agora, quando o colaborador se encoraja para se comunicar com seu líder, o mínimo que ele espera é ser ouvido. É muito importante que o líder dedique o seu tempo e a sua atenção no instante daquela comunicação. Infelizmente, é muito comum observarmos, em conversas ou reuniões, pessoas que, aparentemente, participam do processo mas não estão *processando* as informações passadas e, portanto, não estão se preparando para respondê-las. Dessa forma, o processo de comunicação, que deveria ser esclarecedor, fica sendo apenas um gerador de frustrações.

É melhor que o líder adie por alguns momentos a conversa do que ouça sem prestar atenção ao que se é dito. A regra é: prestar atenção no que é dito; verificar se houve uma compreensão exata do que foi dito; responder aos questionamentos; verificar se a compreensão foi correta e averiguar se tudo o que foi perguntado foi respondido. Só assim haverá diálogo.

É absolutamente normal que o líder não tenha todas as respostas imediatamente. Quando isso ocorrer, o líder deve ficar com a pendência, dar um prazo aproximado para a resposta e, o mais importante, *cumprir esse prazo*. O que temos observado como o maior fator de frustração entre os colaboradores das empresas é o esquecimento em relação a retornos prometidos pelos líderes. O colaborador raramente cobrará o retorno, mas ficará absolutamente frustrado com a falta de resposta e certamente comentará com seus colegas sobre a falha que o líder está cometendo.

Portanto, os líderes devem sempre ter um *bloco de anotações* (de papel ou eletrônico) no bolso, e registrar os itens que ficaram pendentes com seus colaboradores, para se assegurar de que toda pergunta será respondida, garantindo, assim, a manutenção do diálogo.

- *Verdade*
É meio constrangedor escrever que devemos falar a verdade (acreditamos que nossos pais fizeram essa recomendação algumas milhares de vezes), mas o fato é que precisamos fugir da tentação da mentira conveniente e assumir por completo a verdade, mesmo que ela seja dura e triste.

É absolutamente óbvio, mas é importante reforçar que a criação de confiança é um processo moldado no longo prazo e quando se usa a prática da mentira conveniente, o que se obtém é uma reação satisfatória no curto prazo, mas que tem na sequência (quando a verdade efetivamente surge), um processo de frustração e insatisfação. Quebra-se, assim, o processo de estabelecimento de confiança que terá a partir daí um percurso muito maior para vencer a relutância inicial e, depois, criar novamente o ambiente favorável ao relacionamento confiável.

Quando se fala a verdade, as pessoas podem ficar irritadas, tristes ou desmotivadas em um primeiro momento, se o que foi dito não era exatamente o que se queria ouvir, mas perceberão que ganharam, já que poderão tomar as próprias decisões da melhor forma possível. Essa percepção não é fácil e muitas vezes ela frustra, mas, no fundo, cria-se a confiança de que quando a informação for boa, *ela será boa mesmo*. E isso tem valor.

Temos observado que todos, mesmo os mais humildes, percebem claramente e em pouco tempo quando existem o respeito, o diálogo e a verdade e que a reação a ambientes desse tipo são muito favoráveis, mesmo quando boa parte das informações passadas não é *agradável*. Percebe-se a criação de um *ambiente de motivação*.

É importante sublinhar também que o estabelecimento desse tipo de postura pela liderança leva a um processo de mudança. Vamos falar um pouco sobre ele.

Em primeiro lugar, esse tipo de postura não agrada aos líderes autoritários e eles certamente reagirão a isso. Cabe à empresa decidir efetivamente qual rumo tomar, pois é inviável uma convivência pacífica entre esse tipo de líder e seus companheiros que adotam a nova postura, assim como existe a tendência de que os colaboradores desse tipo de líder reajam contra uma situação que traz melhoria para alguns e para outros não. Acreditamos que, dependendo do histórico de liderança das empresas, uma transformação desse tipo pode acarretar mudanças estruturais e de pessoas, ou implicar mudança radical da postura de alguns indivíduos.

Outro fato que os líderes têm de conhecer quando adotam o processo é que a vida vai piorar antes de melhorar muito. Quando os líderes começam a falar as verdades desagradáveis, os colaboradores reagem muito mal no curto prazo. É preciso persistência no processo para que "as fichas caiam". Os colaboradores formadores de opinião poderão se dividir, uns verão tudo pelo lado negativo e outros (em menor número, no princípio) enxergarão as vantagens no longo prazo. Ambos têm de ser trabalhados para que todos os colaboradores passem a entender o novo processo e percebam que a comunicação está melhorando, que eles agora podem confiar no que é dito. Mas para isso leva tempo... e não é pouco.

É possível, também, que existam mudanças nos colaboradores. Alguns perceberão que "estão trabalhando na empresa errada" e desejarão sair (o que não deixa de ser um ato movido à motivação) e outros também não aceitam a nova situação, mas, em vez de procurar um novo destino, tentarão fazer tudo voltar ao que era antes, e talvez a empresa precise evitar isso. Provavelmente, ocorrerão demissões e contratações. É o preço da mudança.

A verdade é que a empresa cujos líderes desenvolvem esse ambiente de confiança (comunicação aberta com respeito, diálogo e verdade), terá colaboradores cientes de suas possibilidades, das suas perspectivas dentro da empresa e das possíveis oportunidades que possam surgir. E o que ocorre é que pessoas nessas condições geralmente estarão muito motivadas para, como donas do próprio nariz, buscar o melhor futuro para a empresa, resultando, também, em um futuro melhor para elas mesmas e para a família.

Por que investir em educação e desenvolvimento?

O ramo gráfico, como a maioria dos ramos industriais, tem as suas feiras nacionais e internacionais de exposição de equipamentos e matérias-primas. Nesse ramo, a feira mais importante é a Drupa, que se realiza a cada quatro anos em Dusseldorf, na Alemanha. E em anos de feira, principalmente na Drupa, muitos empresários gráficos e executivos se dirigem a esses eventos para se atualizar tecnicamente, ver as novidades, fazer contatos e *comprar máquinas*.

Ano de Drupa é momento de pensar em investimentos. É ano de rever cuidadosamente a estratégia do negócio e verificar qual é o próximo passo em direção ao sucesso. E isso é bom! Mas, em função da Drupa, ou *por culpa dela*, o empresário pode se limitar a pensar em investimentos somente do ponto de vista da compra de máquinas. E esse pode ser um erro capital. A compra de equipamentos é apenas uma das opções de investimento, entre muitas.

O aspecto que pretendemos abordar aqui é outra forma de investimento que é menos concreta que o investimento em máquinas e até por isso é menos impactante no caixa da empresa. É um investimento que tem certo grau de risco, à medida que ele não propicia a posse de nada, porém, em contrapartida, pode dar retornos que vão muito além dos investimentos tradicionais em equipamentos. Estamos falando nos investimentos em educação e desenvolvimento dos funcionários.

E, para justificar a importância do tema, vamos lembrar algumas das causas do fracasso de certos investimentos em equipamentos que temos visto com certa frequência no ramo de atividade gráfica.

Tem havido certa frequência na compra de equipamentos, às vezes muito caros, que se mostram inadequados às necessidades do mercado. O equipamento é ótimo, tem desempenho aceitável, mas o mercado simplesmente não se interessa pelo que ele faz ou até se interessa, mas não está disposto a pagar o preço desse interesse. Quando isso acontece, vemos o investidor com uma dívida a pagar, uma estrutura fabril maior e sem mercado para o novo equipamento. Essa receita é conhecida como *o princípio do fim*.

No entanto, se fizermos uma análise do problema, onde encontraremos a causa principal que disparou essa série de erros estratégicos que podem culminar em sérios danos para a empresa investidora?

O problema certamente estará no planejamento estratégico da empresa ou na análise mercadológica para a análise de compra do equipamento. Podemos levantar algumas hipóteses de como esse problema se manifestou nas várias empresas que sofreram com essa situação.

A primeira hipótese é simplesmente a inexistência do planejamento estratégico ou da análise mercadológica para a compra do equipamento. As compras feitas por *feeling* têm se mostrado cada vez mais ineficazes em um mundo em que as transformações são cada vez mais intensas e constantes.

É preciso fazer esses trabalhos, e o papel do empresário, investidor ou empreendedor, é *patrocinar* a sua execução, delineando visões de futuro, acompanhando o desenvolvimento do trabalho e cobrando os resultados dos executantes. No entanto, para que esse processo tenha sucesso, é preciso preparar o empresário. Ter vontade de que isso aconteça é bom, mas é pouco. O empresário tem de ser cada vez mais um estrategista, tem de entender economia, política e finanças. Ele deve entender as mudanças que a sociedade vem sofrendo e perceber como sua empresa se insere nesse contexto hoje e no futuro.

Logo, o primeiro foco do investimento em educação e desenvolvimento deve ser no próprio empresário, em seus líderes e em seus sucessores, no caso de empresas familiares que devem se preparar para administrar um negócio próspero em um mundo moderno e globalizado.

A segunda hipótese é a análise realizada a partir de informações escassas, antigas ou até mesmo erradas. A busca pela informação correta é um aspecto crítico para que se tomem boas decisões empresariais. E mais uma vez caímos no tema educação, pois o problema não é a falta de informação, mas o *excesso*. Vejamos dois exemplos básicos: a internet e uma livraria.

Escolha qualquer assunto para levantar informações e sente-se diante de um computador. Em alguns segundos é possível, com um bom programa de busca, acessar *milhares* de informações sobre o tema. E aí está o problema: não são necessários milhares, é necessária *uma* informação relevante, precisa e confiável. Afinal de contas, na internet e, principalmente, nos sites de busca, não há um filtro. As informações corretas e erradas estão misturadas;

profundas e superficiais; informações de fontes confiáveis e bobagens sem nexo algum, enfim, as joias estão no meio do lixo. E o pesquisador é o filtro.

Em uma livraria, o tamanho do ambiente é mais restrito, porém, o problema não é muito diferente. Um mesmo assunto está em diversos livros, jornais e revistas com diferentes níveis de análise, com focos distintos e, mais uma vez, colocam o pesquisador na situação de ter de selecionar o que interessa para entender o assunto e tomar as decisões necessárias.

Pode-se concluir, portanto, que, para fazer a análise e depuração das informações disponíveis, o empreendedor também precisa de pessoas educadas, capacitadas e treinadas. Com um bom grau de cultura e conhecimento consegue-se *filtrar* mais rapidamente esse mundo de informações e consegue-se ter uma base de dados melhor para tomar as decisões estratégicas.

A terceira hipótese ocorre quando, apesar de existir a vontade de fazer a análise da ação estratégica, apesar de possuir as informações necessárias para a execução do trabalho, falta a capacidade de análise para transformar esse amontoado de informações em um raciocínio lógico, coerente e competente quanto à análise das perspectivas futuras e dos riscos envolvidos.

No livro *Administração de produção e operações,* os autores Henrique e Carlos Correa afirmam que o planejamento estratégico de operações é fundamental, pois envolve a maioria dos investimentos em capital das organizações. É fundamental porque a maioria das decisões em operações remete a recursos físicos que, por natureza, têm uma *inércia decisória*. Em outras palavras, ocorre um tempo, muitas vezes longo, entre a tomada de decisão e o momento em que a decisão surte algum efeito. Além disso as decisões em operações, depois de tomadas, são normalmente difíceis e custosas para se reverter.

Em vista dessa situação, a capacitação da pessoa que analisará os dados e sugerirá ações é muito importante, principalmente porque trataremos de cenários futuros, de incertezas, de riscos. Uma pessoa bem formada tecnicamente e em gestão de negócios, bem informada, com bons contatos e culta, é mais indicada do que qualquer outra para a execução do trabalho. Não podemos entregar trabalhos dessa magnitude para pessoas não devidamente capacitadas, sob o risco de perdermos oportunidades valiosas ou investirmos recursos em atividades não rentáveis.

Note que só falamos, até agora, no processo de decisão de investimento. Se a decisão envolver uma aquisição de equipamento, ocorrerão os processos de especificação, compra, instalação e operação do mesmo. Sejamos um pouco mais detalhistas.

Na especificação de um equipamento, a necessidade de conhecimento é evidente "nos dois lados do balcão". O vendedor, além da óbvia necessidade de conhecer profundamente o seu equipamento, precisa também entender do segmento de atuação do cliente. Veja que só nesse aspecto estamos falando de conhecimentos de mecânica, eletrônica, automação, com certeza uma (ou mais) línguas, *marketing* de equipamentos, *marketing* do ramo de atuação do cliente, finanças etc. Estamos nos referindo a uma venda técnica, e uma venda técnica demanda discussões profundas sobre temas específicos que não aceitam como protagonistas os conhecidos "tomadores de pedido".

E do lado do comprador, além de todos os conhecimentos já apresentados, ele precisa ter uma grande capacidade de discernimento para separar quais as características técnicas que o vendedor quer vender e quais ele quer comprar. Isso requer uma análise das necessidades atuais e futuras da empresa, uma visão da capacidade de investimento e uma visão de *marketing* para enxergar focos de inovação nas propostas apresentadas. Isso quer dizer que é necessidade de conhecimento vinda de todos os lados. Precisamos ter bons profissionais nos fornecedores de equipamentos, matérias-primas, serviços e nos setores de suprimentos/compras, para que a qualidade de uma boa decisão não se perca numa especificação inadequada do produto a ser comprado.

A etapa seguinte é a instalação do equipamento e aí pode-se cometer o engano de que basta acionar o fabricante ou a empresa por ele indicada que tudo estará resolvido. Isso não é verdadeiro. A participação do cliente no processo de instalação de um equipamento é imensa. Muitas das responsabilidades referentes à qualidade do processo e à manutenção da garantia do equipamento estão nas mãos do cliente. O cliente precisa e deve *gerenciar* o processo de instalação que vai desde a preparação do local e das utilidades requeridas pelo equipamento até a entrega do equipamento para a produção.

Mais uma vez, para gerenciar esse processo é preciso ter muito conhecimento. Evidentemente, não se espera que o cliente tenha conhecimentos de mecânica, hidráulica, eletricidade, civil etc., suficientes para elaborar um projeto de instalação, mas ele deve ter noções suficientes para questionar, julgar e avaliar economicamente o que está sendo apresentado. Ele não precisa saber *responder*, mas precisa saber *perguntar*. Em última instância, ele é o responsável pelo sucesso da empreitada perante a empresa que investiu o capital. Fica, portanto, evidente a necessidade de pessoas bem preparadas para exercer tal função.

Cumpridas essas etapas, chegamos finalmente à operação dos equipamentos adquiridos. São inúmeras as vezes em que tudo vai bem até o momento da operação. Até que nesse momento se verifica que os resultados reais oferecidos pelo equipamento são bem menores do que o esperado, ou pior, do que se calculou para a avaliação do *Retorno sobre o Investimento*. É quando se pode perceber que o tempo de retorno do investimento será muito maior do que o previsto ou até mesmo que o investimento nunca será pago.

O que pode estar acontecendo nesse caso, e isso ocorre com frequência, é que se investiu no equipamento, se investiu na instalação, se investiu em matérias-primas e não se investiu nos operadores, isto é, naqueles que conseguem juntar todos os ingredientes para fazer efetivamente o prato principal.

Inúmeras vezes o primeiro contato do operador com o novo equipamento é quando ele recebe a incumbência de começar a operar o equipamento já instalado. Não conhece as inovações tecnológicas que o equipamento traz, não conhece as novas necessidades operacionais que o equipamento demanda, não conhece o desempenho esperado e nunca viu o equipamento funcionando à plena carga para *acreditar* que tudo isso é verdade.

Para evitar esse tipo de situação é que o investimento prévio na equipe operacional do equipamento com treinamento teórico, técnico e operacional faz todo o sentido. Muitas vezes, uma viagem da equipe para conhecer e operar um equipamento semelhante em outra empresa traz informações valiosas, sem contar o aspecto motivacional que também é relevante para o sucesso do investimento.

Precisa estar claro que não adianta ter uma estrutura fantástica se quem está na ponta do processo não está preparado técnica e emocionalmente para fazer o melhor. Caso contrário, corremos o risco de "nadar e morrer na praia" como se diz popularmente. Mas de quem é a responsabilidade por melhorar a cultura, a educação, a capacitação e as habilidades das pessoas que executam todos esses processos que nos referimos?

Da própria pessoa? Da família? Da escola? Da empresa? Do governo? É evidente que a responsabilidade é de todos. Em primeiro lugar, o próprio indivíduo deve ser responsável por seu desenvolvimento. Não se pode ficar esperando as oportunidades baterem à porta. As pessoas têm de procurar utilizar o seu patrimônio mais valioso, que é o seu tempo, para aproveitar todas as oportunidades para aprender algo, para discutir assuntos de seu interesse, para ler, para ensinar (que é um dos melhores jeitos de aprender!). Enfim, para buscar um futuro melhor, mais próspero e mais produtivo.

A família também tem um papel fundamental nessa busca de melhoria do conhecimento, principalmente quando nos referimos às crianças e aos adolescentes. Eles precisam de exemplos e é responsabilidade da família mostrar os caminhos da busca do conhecimento como fator básico de prosperidade e de cidadania. E mais do que tudo, devemos mostrar estes caminhos muito mais por meio de exemplos, do que de palavras.

A escola, por sua vez, tem a tarefa de tornar o conhecimento disponível, de preencher os vazios que se apresentam na sociedade, oferecendo o conhecimento de forma correta, atraente e saudável, e permitindo que se desenvolvam os talentos das pessoas e que elas consigam se inserir na sociedade de maneira segura e positiva.

Já a empresa funciona como o grande cliente do processo desse desenvolvimento educacional e vem se transformando em seu maior patrocinador. À medida que as empresas selecionam e valorizam pessoas com melhor formação, discutem com as entidades de ensino sobre suas necessidades e as apoiam no seu desenvolvimento e também criam estruturas internas de treinamento para suas necessidades específicas, vão exercendo seu papel fundamental de usuário e aplicador do conhecimento disponível.

Quanto ao governo, é seu papel criar um meio ambiente onde a cultura, a educação e o desenvolvimento das pessoas possa proliferar numa atmosfera saudável, justa e democrática.

Certamente, se todos fizerem a sua parte, teremos um ambiente onde ganham as pessoas, pois o conhecimento é um patrimônio próprio do qual ninguém se apropria e do qual pode-se usufruir sempre. Ganham também as empresas, pois além do retorno do investimento nas pessoas propriamente dito, veem a melhoria dos resultados dos outros investimentos em máquinas, instalações etc. e ganha o ambiente de um modo geral porque, afinal de contas, pessoas melhores fazem um mundo melhor.

Descommoditizar por meio do talento

Num mundo em que há muita concorrência, precisamos ser competitivos. Num mundo em que, além de muita concorrência, se vive um processo em constante mudança, a necessidade de sermos competitivos é ainda maior. E este é o ambiente em que vivemos. Se olharmos o mercado de uma forma geral, ou mais especificamente o mercado brasileiro, e mais especificamente ainda o mercado gráfico brasileiro, vamos constatar que vivemos momentos em que a competitividade das empresas não é mais uma questão apenas estratégica, ela é um fator de sobrevivência.

As últimas décadas foram marcantes no mundo dos negócios pelo surgimento e popularização da internet. Ela mudou a forma com a qual as empresas transmitem e coletam informações, assim como sua comunicação com seus *stakeholders*[1]. Isto afetou muitas empresas, mas no caso da indústria gráfica, este aspecto foi muito mais relevante, pois o ramo de atuação desta é a comunicação, e portanto a internet, além de influenciar na forma como são gerenciadas as empresas, redesenhou a essência do negócio – a comunicação.

Associado a este aspecto está a globalização que, no caso específico da gráfica, provocou uma *commoditização* do mercado, ou seja, o fácil acesso a informações sobre empresas, processos, equipamentos; a maior facilidade para obtenção de novas tecnologias e a maior disponibilidade de recursos financeiros para financiar novos projetos, provocaram uma maior equalização entre as empresas do mercado. Os diferenciais competitivos, apoiados em tecnologia ou recursos físicos, foram sendo facilmente copiados ou combatidos, de modo que as empresas ficaram cada vez mais parecidas aos olhos dos clientes. Essa *commoditização* traz um efeito colateral terrível para os fornecedores, que é a queda nos preços provocada pela maior concorrência, com a consequente queda das margens de lucro. A saída para evitar este problema é aumentar a competitividade da empresa.

Num mundo globalizado ocorrem, entretanto, fenômenos interessantes. Se todas as empresas se preocuparem em aumentar a sua competitividade,

---

1. Partes interessadas. (N.E.)

se todas as empresas procurarem as mesmas pessoas para pôr em prática as suas mudanças e se todas as empresas adotarem as mesmas soluções, todas elas continuarão semelhantes. Isso quer dizer que, se todo mundo muda do mesmo modo, ninguém mudou! Continuamos *commoditizados*. "Quando todos sabem o segredo do cadeado, a porta está aberta!" Portanto, se todos recitarem o mesmo *mantra*, continuaremos sendo *commodities*.

O problema é um pouco mais profundo. A questão não é só definir qual a tecnologia mais adequada, nem apenas adotar um sistema de gestão moderno, nem definir uma boa estrutura empresarial. O principal problema não é definir estas questões, é o que fazer com tudo isso. Ou falando de outra forma, a questão básica é a essência da gestão, que são as pessoas.

As tecnologias, os sistemas e as estruturas não atingem seus objetivos por si só. Por trás das novas tecnologias, dos sistemas de gestão e das estruturas está um grupo de pessoas que pode fazer diversos usos de tudo isso, dando resultados completamente diferentes, dependendo da qualidade da tarefa.

Pessoas medianas vão obter resultados medíocres. Pessoas normais vão conseguir tirar o básico e pessoas talentosas vão extrair tudo aquilo que as tecnologias, os sistemas e as estruturas podem oferecer. Note que não estamos falando apenas de equipe. Estamos falando de talentos. Temos de procurar, desenvolver, incentivar, reter e premiar os talentos que farão a diferença em uma empresa.

A partir desse ponto de vista, vamos então ver algumas diferenças entre possuir modelos adequados, apenas, ou tê-los com a participação de pessoas talentosas:

"Precisamos ouvir os clientes."
Este é um aspecto que todos sabem que é importante. E todos dizem que fazem. E é verdade. Mas a questão é o que fazer com essas informações. Algumas empresas, movidas pelo medo de perder os seus clientes, ficam escravizadas por eles. Iludidas por *slogans* do tipo "Encantar o cliente", fazem qualquer coisa para agradá-lo, custe o que custar. Enquanto as empresas com talentos tentam entender o negócio do cliente e verificar como podem fazer parte do seu sucesso, de forma produtiva e lucrativa.

"Precisamos ter tecnologias de última geração."
Muitas empresas criam soluções fantásticas e saem correndo atrás de clientes que tenham um problema para essa solução. Já as empresas talentosas entendem os problemas dos clientes e buscam soluções tecnicamente viáveis e economicamente interessantes. Empresas talentosas "pensam fora do quadrado". O que estamos dizendo é que, se as empresas gráficas ficarem se enxergando apenas como "pintores de papel" e ficarem aguardando a demanda de seus clientes, podem perder grandes oportunidades que as novas mídias digitais oferecerão.

"Precisamos estar bem informados."
A manipulação de informações é coisa banal nos tempos de internet. Obter informações e divulgá-las para o maior número possível de pessoas é coisa hoje muito simples. Nenhuma empresa se destaca mais por ter informações exclusivas. A empresa talentosa, mais do que obter informações, gera a capacidade de interpretá-las e rapidamente tomar decisões. A natureza do talento é saber administrar incertezas e tomar decisões apesar delas.

Diante desse cenário, a questão dos custos passa a ser mera consequência. Para uma empresa talentosa, a questão básica não é reduzir custos, mas ganhar dinheiro atendendo aos seus clientes de forma diferenciada. A questão é, portanto, *descommoditizar*.

A regra do jogo dos negócios é clara. Se somos *commodities,* será vencedor quem tiver o menor preço. Nesse caso, a redução de custos é mandatória. Porém, se temos um diferencial competitivo, a questão dos custos assume outros aspectos. É preciso possuir recursos que diferenciem uma empresa de seus concorrentes e é necessário buscar o menor custo possível por meio da melhoria da eficiência e da eficácia na utilização desses recursos. Quem possui diferencial competitivo tem vantagens porque usa bem os recursos disponíveis.

Não é demais repetir. Só pessoas talentosas conseguem tirar desse pacote os resultados que as empresas precisam. Só pessoas talentosas conseguem juntar todo esse conjunto de informações, analisá-lo, verificar as incertezas, assumir os riscos e tomar as decisões necessárias e depois adotar ações corretivas para o que não deu certo. Lembre-se, só pessoas talentosas. É nisso que devemos investir: na formação de talentos. Esta dever ser uma tarefa da família, da escola, das empresas e do governo.

Se houver talentos, saberemos escolher as tecnologias adequadas, saberemos usar os sistemas necessários com a estrutura correta e reduziremos custos mediante a eficiência dos processos e procedimentos. Sempre em prol dos negócios do cliente, que precisa de ajuda e está disposto a pagar por isso.

Mas, infelizmente, nessa área o Brasil ainda está se iniciando. Precisamos ter uma educação alinhada com a estratégia do país, que gere novos talentos na quantidade e com a qualidade que o futuro vai demandar. Este é o nosso desafio! Esta deve ser a nossa missão.

Quem serão os líderes do futuro na indústria gráfica?

Em seu livro *Administração por Processos*, o autor Djalma de Pinho Rebouças de Oliveira apresenta, em seu capítulo inicial, o que ele chama de Evolução da Administração e das Empresas. Nele, são apresentados alguns tópicos que mostram um cenário, já nem tão novo assim, que tem sido a referência para os projetos de mudança e evolução das empresas no século XXI. Eis alguns desses tópicos:

- A globalização, que teve como consequência o acelerado crescimento da concorrência.
- A qualidade, deixando de ser diferencial e passando a ser obrigação.
- Evolução técnica acelerada.
- Ciclo de vida dos produtos mais curto.
- Necessidade crônica de menores desperdícios.
- O poder no mundo dos negócios, caminhando para o consumidor final.
- A discussão entre a validade de ser o maior *versus* ser o melhor.
- Novos conceitos de responsabilidade ambiental e social.

Este cenário cria novas necessidades para as empresas e seus líderes, pois os clientes demandam decisões ágeis e com qualidade dos seus fornecedores. Tal situação vai exigir uma estrutura enxuta, à medida que não pode suportar altos custos de produção. Vai requerer também profissionais altamente qualificados, para garantir, além da qualidade necessária dos produtos e serviços, um suporte técnico eficiente que alavanque novas ideias e assessore futuros projetos conjuntos. Isto sem falar que as empresas em si demandam um comprometimento absoluto com os resultados, em todos os níveis.

Deve-se reparar que, apesar do livro a que nos referimos ser de administração geral, ele se aplica literalmente à indústria gráfica que está completamente enquadrada neste cenário e convive com tais necessidades. Toda essa conjuntura revela que o futuro das empresas gráficas tende a ser turbulento e repleto de alternativas, exigindo de seus líderes uma competência ímpar para manter as suas empresas saudáveis e prósperas. Porém, este futuro começa agora...

Isto porque se uma empresa não está preocupada com o seu mercado atual e futuro, e com sua estratégia, ela pode estar sendo lentamente consumida pela "espiral negativa da *commoditização*". Vamos explicar melhor.

A empresa tem convivido com um ambiente de altíssima concorrência e precisa tomar decisões; a única saída que parece ser viável para enfrentar a concorrência é baixar os preços, só que evidentemente essa medida leva a uma redução das margens de lucro, o que nenhuma empresa quer. Portanto, é necessário que se tomem novas decisões; o caminho a ser escolhido passa a ser a mudança nas matérias-primas, alterações no processo, afrouxamento nos critérios de qualidade etc.

Essas medidas acabam por afetar em maior ou menor escala algumas das características dos produtos (qualidade, durabilidade, consistência etc.) e como não há outra saída, testa-se o nível de aceitação do cliente. Se não houver grandes reclamações, cria-se um novo patamar de produtos, de pior qualidade mas com preços mais baixos. No entanto, se houver reclamações, devoluções ou retrabalhos, o processo deve continuar até se atingir o nível de aceitação. Ou seja, até conseguir satisfazer o cliente com preços baixos e com lucratividade. Se esse objetivo não for alcançado... será o fim.

Entretanto, mesmo quando tudo der certo, a satisfação é temporária, pois dali a algum tempo alguém fará um produto tão razoável quanto o dessa empresa pelo mesmo preço ou menor (pois o concorrente também está nessa *espiral*), e o ciclo recomeça: com a qualidade dos produtos caindo, preços baixando, clientes crescentemente insatisfeitos e lucros cada vez menores. Não é difícil perceber que quem entra nessa espiral passará por sérios problemas, e tem grande chance de desaparecer mais cedo ou mais tarde.

Portanto, o desafio das empresas, e de seus líderes atuais e futuros, é estruturar uma empresa saudável num ambiente de constantes mudanças. O líder do futuro precisa gostar de mudanças, precisa entender o processo de mudanças e precisa saber tirar proveito dele. Enfim, é o exercício contínuo de lidar com incertezas e tomar decisões importantes baseadas nelas.

O que deve ser analisado, portanto, é o processo de mudança que vem acontecendo no mundo, de modo particular no mundo dos negócios, de maneira mais particular ainda no mundo da comunicação e, finalmente, entender a mudança na indústria gráfica.

Uma forma interessante de analisar as mudanças é tentar entender quais processos, conceitos e valores provavelmente não serão modificados com o tempo e quais serão. Em alguns casos, os conceitos permanecerão, mas a forma de agir terá de ser outra. Para determinadas situações, já se tem uma ideia do que possa vir a acontecer no futuro, em outras não se faz ideia. E este "quase-cenário" é o norte da bússola para os futuros líderes da indústria gráfica. Vamos analisar primeiramente alguns desses aspectos suscetíveis às mudanças e posteriormente tentar apontar algumas características que tendem a ser fator crítico de sucesso para os líderes do futuro.

Mudanças

- *A comunicação*
  A comunicação, na essência, não vai deixar de acontecer. O escritor continuará escrevendo para seus leitores, o jornalista continuará enviando suas notícias para o público, o artista continuará a querer mostrar sua obra para o público, o publicitário continuará mandando suas mensagens para seus clientes ou *prospects*, as empresas se comunicarão entre si, as pessoas se comunicarão cada vez mais...

  As tendências perceptíveis no processo de comunicação são relacionadas ao fato de que ele está sendo cada vez mais personalizado, isto é, busca-se falar o que interessa para quem interessa e, além disso, o processo de comunicação está se tornando cada vez mais uma via de duas mãos: a integração entre o emissor e o receptor da mensagem torna-se crescentemente relevante. O emissor não se contenta mais em somente falar o que pensa; ele quer o *feedback* do receptor. Em contrapartida, o receptor está sedento de participar do processo.

Mas se por um lado o processo de comunicação não deixará de existir, a forma como esta comunicação será feita tende a sofrer (e já está sofrendo) profundas transformações. Boa parte das brutais mudanças tecnológicas que temos assistido afeta diretamente o processo de comunicação. E, como consequência, todas as empresas que lidam direta ou indiretamente com a comunicação vão ser afetadas e provavelmente terão de se *repensar* estrategicamente. Um dos maiores exemplos disso é a *nossa* indústria gráfica, que vem se transformando rapidamente, e este processo não parece que vai perder força nos próximos anos.

Uma boa referência bibliográfica sobre o tema é *Renewing the Printing Industry: Strategies and Action Items for Success* de Joseph W. Webb[2].

- *A gestão*

Num mundo em constantes transformações, a gestão está sempre se transformando. As empresas necessitam se adaptar, os líderes precisam se adaptar, e quando as coisas parecem se ajeitar, surgem novas mudanças, novos conceitos e se faz necessário começar tudo de novo. *A única coisa fixa é que tudo muda.*

- *O mercado*

Aqui, a lista de transformações é imensa. Apenas para exemplificar alguns tópicos, temos a globalização ampliando os horizontes do mercado; o *e-commerce* fazendo com que o ato de comprar produtos na nossa cidade ou do outro lado do mundo não seja muito diferente; a disponibilização de informações na internet, que mudou radicalmente, por exemplo, o mercado fonográfico no mundo; a pirataria, o avanço rápido e intenso da produtividade das fábricas, aumentando a oferta dos produtos; as crises reduzindo a procura, a imitação industrial cada vez mais rápida, mais visível nos produtos eletrônicos em que alguns meses (ou dias) após o lan-

---

2. *Renovando a indústria de impressão: estratégias e itens de ação para o sucesso*, em tradução livre. (N.E.)

çamento de um produto inovador já se encontram imitações no mercado a preços atraentes etc.

Percebe-se, como foi demonstrado no início deste texto, um processo de *commoditização* dos produtos, que afeta intensamente a forma de fazer negócios e a rentabilidade das empresas.

- *O trato com o meio ambiente*
Parece que, finalmente, o mundo vem percebendo que nossos recursos são finitos. O nosso planeta é único, o nosso corpo é único e precisamos cuidar deles para o nosso bem e para o bem das próximas gerações.

Essa visão saiu das rodas dos ecologistas e hoje está na mesa dos governos e das empresas. A responsabilidade ambiental e a responsabilidade social estão em destaque nas empresas e passam a ser ponto de referência importante no julgamento dos clientes para a escolha das empresas que eles querem trabalhar.

Na indústria gráfica, em particular, o crescimento da importância do selo FSC é clara demonstração desse movimento. Várias empresas lutam pela obtenção do selo e como consequência se adaptam a uma cadeia produtiva que preserva o meio ambiente e as pessoas de uma forma geral.

- *As relações trabalhistas*
Cada vez mais se percebe o valor do *capital intelectual* das empresas. Ele deve ser tratado como patrimônio e valorizado como tal. Esse capital, com a ajuda importante da tecnologia de informação, tem se mostrado o grande potencializador dos diferenciais competitivos das empresas. Com todas estas evidências, é razoavelmente óbvio que se espere uma mudança nas relações trabalhistas, de uma forma geral. Os funcionários deixam de vender seu tempo e passam a vender resultados. Mudam os contratos, as remunerações, as relações hierárquicas, a alocação de recursos, o ambiente físico e tudo o mais. Imagina-se que os próximos anos serão de grandes transformações nesta área.

- *A ordem mundial (política/economia/poder)*
A crise de 2008 define ou exemplifica claramente o que se quer dizer com transformações no *mapa* político/econômico/social do mundo. A

Europa e os Estados Unidos em crise, grandes empresas à beira da falência, efeitos muito menores em países em desenvolvimento, como o Brasil; o crescimento da importância da China nas relações comerciais e a Índia como destaque em tecnologia.

Nas mãos de quem estará o poder político e econômico daqui a 20 anos? Como isso afetará o nosso país, a nossa empresa, o nosso emprego?

- *A educação*

  A forma de ensinar e de aprender num mundo que muda a todo instante também tem de mudar. Terão de surgir novos modelos para criarmos profissionais que se adaptem a esse mundo. Existe uma apresentação disponível no *YouTube* chamada "Informações que precisamos" que postamos no nosso blog (http://flaviobotana.wordpress.com), que reflete bem este novo ambiente de aprendizado ao qual precisaremos nos adaptar: professores e alunos, líderes e comandados, pais e filhos, governantes e cidadãos.

Com todas estas mudanças é fácil concluir que a liderança nas empresas será completamente diferente do que é hoje. O objetivo agora deve ser a procura das características básicas de um bom líder, que continuarão sendo importantes num ambiente em constante mutação. Veremos, a seguir, que mais do que *perfis* de liderança, o que precisaremos é de líderes com perfil flexível, com alta capacidade de adaptação a situações novas, porém com *conceitos* fortes. É sobre estes conceitos que vamos falar a seguir:

O líder do futuro vai saber *administrar seu tempo*

Uma circunstância que não vai se modificar no futuro é o fato de o dia ter 24 horas. Assim como o problema de excesso de informações no mundo da internet; filtrar essas informações, dispensando e não perdendo tempo com o que não interessa e focar o que é realmente importante serão pontos de destaque dos bons líderes.

Eficiente não será trabalhar 15 ou 16 horas por dia. Será fazer o que deve ser feito no tempo dedicado ao trabalho. O tempo será o recurso mais escasso a ser administrado pelo líder. E quem souber administrá-lo com mais competência será muito mais eficaz!

O líder do futuro vai *cultivar relacionamentos*

Pode-se dizer, em outras palavras, que o líder do futuro vai gostar de gente. Pessoas de verdade expressando suas opiniões, discutindo assuntos e dando sugestões. O líder do futuro gostará de conversar com seus funcionários e com seus clientes, vai gostar de trabalhar e de incentivar o trabalho em grupo e o trabalho participativo, e será um grande negociador.

Como consequência desse comportamento, o grande líder certamente terá de ser um grande "ouvinte". As pessoas se expressarão cada vez mais à medida que encontrarem quem as ouça atentamente. Cada vez mais o poder e a influência estarão mais em quem ouve do que em quem fala.

O líder do futuro vai *gostar de tecnologia*

Não dá para ser líder num mundo tecnológico sem gostar de tecnologia. Ele estará atualizado no que é novo para entender o que acontece e o que vai (ou pode) acontecer. É inevitável.

O líder do futuro *continuará sendo ético*

Num mundo onde se respeitam as pessoas e o meio ambiente, a ética vai ser fator de diferenciação de lideranças. Não bastará vencer! Será necessário vencer em um ambiente ético e de maneira ética. A visão do sucesso duradouro será cada vez mais fortalecida, em contrapartida ao sucesso imediato e a qualquer preço.

O líder do futuro será *ousado*

Não existe liderança sem decisões. Não existem decisões sem riscos. E num ambiente de mudanças constantes, os riscos serão cada vez maiores. Quem não tiver estrutura emocional e intelectual para encarar este ambiente, decidindo com uma boa avaliação dos riscos e *acertando mais do que errando*, não será um bom líder.

A melhor forma de não correr riscos é não decidir. Só que não decidir também é uma decisão. Não tem jeito. O mundo será dos ousados competentes.

O líder do futuro será *estratégico e focado*

Um dos grandes segredos do líder do futuro será conseguir pensar grande e pequeno ao mesmo tempo. Verificando tudo o que foi dito neste texto, é fácil perceber que as estratégias mudarão muito ao longo do tempo. Os líderes precisarão pensar e repensar sempre as estratégias, porém não se pode dispersar as ações e alocar esforços onde não é necessário. É preciso foco. Pode-se resumir dizendo que serão necessárias ações focadas, mas com visão estratégica, sempre.

O líder do futuro vai *gostar de mudanças*
O cenário irá mudar, surgirão novas necessidades, o líder comandará um processo de análise e adaptação ao novo ambiente, implementam-se, avaliam-se, fazem as devidas correções e finalmente se atingirão os resultados esperados. E então... começa tudo de novo. Um sentimento que o líder precisará praticar hoje e sempre é o desapego. Se o líder passar a gostar demais das mudanças que efetuou, iniciará o processo de resistência para as próximas mudanças necessárias. Deve-se sempre lembrar que o resistente de hoje foi o realizador de outros tempos.

O líder do futuro vai ser *equilibrado e talentoso*
Não dá para negar. Não existirão muitas vagas para líderes. Portanto, não haverá vagas para pessoas medianas, nem para pessoas instáveis e sem controle emocional. Para se tornar um líder no futuro será necessário muita dedicação, muita autoavaliação e uma busca incessante por melhoria.

O líder do futuro será *culto*
Ser líder não será uma dádiva! Será preciso ler muito, estudar muito, se atualizar sempre. E não só de assuntos profissionais do seu ramo. Ter uma boa cultura geral será um pré-requisito para ocupar uma vaga de líder com destaque.

O líder do futuro será *honesto e confiável*
Sem grandes comentários. O mundo só será melhor se o comando estiver nas mãos de seres humanos honestos e confiáveis. Mais do que uma expectativa, é uma esperança!

Terminamos este exercício de futurologia com uma frase que nos agrada muito: "O passado já passou e o futuro não chegou ainda... só nos resta fazer algo no presente". É importante que todos os líderes atuais e aqueles que pretendem ser líderes no futuro estejam muito preocupados em entender o que ocorreu no passado, para que possam repetir os acertos e evitar os erros. E também que estejam acompanhando e estudando as tendências do futuro e suas prováveis influências no mundo dos negócios. Mas como "só nos resta o presente" não vale a pena só ficar olhando e tentando entender. É preciso se preparar para ele.

E para que isso aconteça, as famílias têm de educar cada vez melhor os seus filhos; as escolas têm de formar cada vez melhor os seus alunos; as empresas têm de capacitar mais e melhor os seus funcionários; e os governos têm de nos dar um ambiente sadio e honesto para que tudo isso aconteça.

Capítulo 6

As várias fases de uma empresa: inicial, crescimento, ampliação, consolidação... – um projeto interminável

Uma empresa é um organismo vivo que precisa de cuidados durante toda a sua vida para permanecer saudável. No livro *O ciclo de vida das organizações*, o autor Ichak Adizes ilustra com maestria as semelhanças da vida dos seres humanos com a vida de uma organização. Ele trata as fases de infância, adolescência, vida madura e velhice da empresa apresentando as suas características, os seus problemas e as doenças que em cada fase podem comprometer a sua saúde ou até mesmo matar a organização.

Portanto, a atenção e os cuidados para manter a saúde da empresa não acabam nunca. A gestão da empresa deve estar permanentemente atenta às necessidades atuais e futuras do cliente, às novas tecnologias e aos novos métodos de gestão. Só assim ela poderá prosperar de forma contínua e segura, atendendo a seus clientes, dando segurança a seus funcionários e oferecendo resultados para o acionista.

Particularmente no aspecto de tecnologia, quer sejam as tecnologias dos processos produtivos ou as de gestão, o avanço da indústria gráfica tem se mostrado intenso. Estar atualizado em relação às tecnologias existentes e preparar sua equipe para estar capacitada para utilizar de forma correta estas tecnologias são questões mandatórias para empresas que pretendem *ser eternas*.

Os textos que se seguem tratam de alguns desses processos que as empresas precisam colocar em prática para ter uma vida ativa, saudável e lucrativa.

Erro zero, custo baixo, prazo curto: a tecnologia a serviço da necessidade dos clientes

As últimas décadas do século XX trouxeram para o mundo dos negócios uma avalanche de conceitos de gestão que, sob o nome de Qualidade Total, e com a tutela do sucesso japonês, principalmente nos Estados Unidos, fizeram com que as empresas se repensassem e se reestruturassem em busca do novo sucesso.

Passada essa avalanche, sobraram os conceitos principais e certamente um dos conceitos que ficou mais arraigado na mente dos empresários e empregados foi a visão de *cliente*. O cliente deixou de ser aquela pessoa chata que trazia uma série de problemas e passou a ser a fonte das receitas e a entidade a ser preservada e pela qual todos os projetos de melhoria seriam direcionados.

Como consequência desta nova visão e com o imenso aumento da competitividade, quer seja pelo aumento de capacidade instalada, quer pela melhoria da produtividade das empresas, a disputa pela fidelidade dos clientes virou uma guerra. E nesta guerra as empresas tentaram usar todas as suas armas: capacitação tecnológica, influências, atendimento diferenciado, informática, novas matérias-primas e tudo o mais que se possa imaginar.

E desta guerra, que resultou em muitas empresas mortas e feridas, sobrou um saldo para todos: a redução das margens de lucro. Passou-se a trabalhar muito mais para ganhar muito menos. E, evidentemente, nessas condições, as *gorduras* da estrutura, os recursos mal utilizados e os erros nos processos de produção passaram a ser um câncer para as empresas que precisava ser extirpado com urgência sob o risco de provocar a morte prematura da empresa.

Com isso a visão de investimento em tecnologia mudou de foco: antes se comprava tecnologia pela tecnologia, com a ambição de ser moderno, atualizado e estar *up to date*; agora é preciso comprar tecnologia para curar o câncer, preservar os clientes e tentar, num processo lento e gradual, recuperar margens de lucro perdidas ao longo do tempo.

Vamos ver então quais os conceitos que devem nortear a busca da tecnologia para atender as necessidades básicas do cliente (qualidade alta, custo baixo e prazo curto) com resultado positivo (margens de lucro boas) e sem problemas (erro zero).

1) Pré-aprovação

O serviço gráfico não pode causar surpresas ao cliente. Sabemos que depois que a tinta encontra o papel, quase todo o custo já foi apurado. Logo, qualquer dúvida, reclamação ou necessidade de retrabalho após essa etapa será imensamente custosa e provavelmente acarretará margem negativa no trabalho.

Logo, tecnologias que permitam ao cliente vislumbrar o resultado do trabalho antes que ele comece, são muito bem-vindas. Provas fiéis, modelos, padrões, provas remotas ou qualquer outra coisa que permita ao cliente verificar, tirar suas dúvidas e pré-aprovar um trabalho são ferramentas poderosas para uma execução eficaz e rápida deste trabalho.

Cabe ressaltar que o mais importante aqui é que o cliente saiba exatamente o que está aprovando. Se, por exemplo, existe uma tecnologia que permite apenas aprovação do *layout* e que não serve como prova de cor, isso precisa estar bastante claro para o cliente, sob o risco que a ferramenta possa se transformar numa arma contra a própria empresa.

Com uma pré-aprovação correta, resta à empresa apenas cumprir o prometido e executar o que apresentou.

2) Interligação de etapas

Toda vez que se interligam dois processos produtivos, consegue-se uma redução do *lead time* e, por conseguinte, uma redução nos prazos de entrega; reduz-se também o risco de erros na passagem de processos, além de uma provável redução de custos por ganhar etapas.

Levar as informações da pré-impressão para a impressora, manter as informações disponíveis para o pré-acerto dos equipamentos, e incorporar equipamentos e dispositivos de acabamento ou pré-acabamento em equipamentos de impressão podem ajudar de forma produtiva na velocidade e precisão da execução do trabalho.

3) Automatização

Toda vez que se substituem atividades manuais por atividades automáticas, consegue-se redução de tempo e aumento de precisão, com a contrapartida de um possível aumento de custos, que em muitos casos é fator de decisão na aquisição deste tipo de tecnologia.

Normalmente, esse investimento é interessante quando grandes volumes estão envolvidos com um bom grau de repetição de operações. Dessa forma, o alto custo de aquisição de equipamentos e dispositivos geralmente é diluído. Se existe uma linha de produtos muito diversificada, com muita variabilidade de processos, dificilmente se conseguirá tornar economicamente viável a substituição da mão de obra por equipamentos automáticos.

Devemos também ressaltar dois aspectos que inibem a utilização de tecnologia de automatização nas fábricas brasileiras: o primeiro é que a mão de obra no Brasil ainda é barata se relacionada com países desenvolvidos; e o segundo é a questão social envolvida, pois geralmente este processo envolve a disponibilização de um contingente grande de mão de obra quase sempre não qualificada.

4) Controle
A tecnologia vem ajudando os operadores no trabalho da checagem da qualidade do seu trabalho. Quando o dispositivo é adequado (ou seja, controla uma variável realmente relevante do processo), eficaz (isto é, consegue controlar essa variável de maneira mais precisa e rápida do que uma inspeção visual do operador) e bem operado, a empresa certamente consegue uma estabilização da qualidade dos produtos, um menor número de interrupções para ajustes, menos produtos não conformes, resultando em produtos com qualidade estável, prazo curto e custo mais acessível.

O cuidado que se deve ter é a má utilização do controle. Um controle só faz sentido se ele gera decisões. Tem sido muito comum a venda de um *pacote* de controles que no entender do fabricante permite que tudo seja controlado e que *produz relatórios* para acompanhamento pela gerência de tudo o que ocorre no equipamento etc.

Deve-se evitar a compra de equipamentos e dispositivos de controle sem que se tenha a exata noção do que ele faz e como é operado, além da mais absoluta certeza de que esse equipamento ou dispositivo é necessário para a melhoria do processo na fábrica. Caso não existam essas certezas, corre-se o risco de se transformar um investimento em despesa e o que é pior, sem utilização alguma.

5) Matérias-primas
Temos, entre os fornecedores dos principais insumos da indústria gráfica, grandes *players* com uma capacidade tecnológica imensa e com disposição para colocar essa tecnologia a serviço de seus clientes.

Surgem então, a cada instante, novos papéis, tintas, vernizes, colas, produtos auxiliares etc. cada vez mais adequados a diferentes necessidades e que podem melhorar o resultado final do processo.

Logo, é muito importante estar sempre em contato com os fornecedores de insumos, cobrar deles o acesso às novidades tecnológicas e inseri-los como parte do processo de produção fazendo com que eles conheçam os problemas e tenham a chance de propor soluções. Deve-se ter em mente que eles são os especialistas e, se conseguirem ter acesso aberto aos problemas, terão melhores condições de ajudar na busca da solução adequada.

6) Prestação de serviços
A Tecnologia de Informação tem propiciado que se agregue ao processo de produção uma série de serviços que, dependendo da relevância junto ao cliente, podem se tornar diferenciais competitivos de uma empresa.

O acesso a informações de estoque, programação e entrega, assim como o *link* direto com a área comercial, a emissão de orçamentos *on-line*, permitem um relacionamento mais estreito entre fornecedor e cliente, o que leva à fidelização, que, do ponto de vista de custos, é o grande fator de diluição dos custos fixos e que, portanto, permite que se comercialize produtos por preços mais baixos sem comprometer demais a margem.

Além disso, o desenvolvimento de atividades principalmente de logística, tira do cliente algumas atividades que estavam sob sua responsabilidade. E em muitos casos, a avaliação de qualidade do cliente está muito mais ligada a esses serviços adicionais do que à qualidade do produto propriamente dita, até porque a indústria gráfica caminha paulatinamente para uma *commoditização* do produto gráfico, visto que a tecnologia de produção está cada vez mais acessível a uma boa parte do mercado.

Mas cuidado! A tecnologia é bonita, simpática e atraente. A tecnologia dá *status* e impressiona clientes, fornecedores e a concorrência. Só que, para ela se transformar em resultado, tem de estar na forma de *tecnologia aplicada*.

E a tecnologia vira tecnologia aplicada quando junto com o investimento em equipamentos, dispositivos e *softwares*, investe-se também no conhecimento. É preciso se preocupar com a capacitação de quem utiliza a tecnologia, com o treinamento adequado para a sua utilização e com a adequação das lideranças na gestão da tecnologia. Vejamos cada um desses itens com detalhes.

Capacitação de quem usa a tecnologia: o usuário da tecnologia, em princípio, não pode ser resistente nem saudosista, nem pode temer o novo. Ele deve estar aberto para a aprendizagem, estar disposto a enfrentar novos desafios e deve ter a ambição de melhorar de vida por meio de não só esforço, mas principalmente pela aquisição de novos conhecimentos e novas habilidades.

E a criação desse novo perfil dos funcionários de empresas é responsabilidade principal das escolas e centros de formação de profissionais. Deve-se despertar nas pessoas a visão de que a tecnologia bem aplicada traz benefícios para as empresas e para as pessoas. Deve-se mostrar que a tecnologia aplicada será (ou melhor, já é) fator de competitividade para as empresas e fator de empregabilidade para as pessoas.

Treinamento na utilização da tecnologia: o processo de implantação de uma nova tecnologia é certamente o fator crítico de sucesso na efetivação do investimento. E o ponto nevrálgico do processo de implantação é o treinamento dos usuários. Deve-se reforçar, aqui, a diferença entre treinar e "adestrar" os usuários de uma nova tecnologia. Se apenas ensinamos quais botões apertar, quais leitores olhar e os procedimentos básicos de operação, estamos apenas adestrando nossos funcionários. O treinamento *real* é carregado de conhecimento: *o que* acontece quando aperto o botão; *por que* eu preciso fazer este e não aquele procedimento; *quais* as providências necessárias quando algo não dá certo; *quando* são necessárias atuações específicas e *como* o equipamento ou dispositivo funciona. Com conhecimento, o treinamento é completo e o funcionário se sente responsável por fazer a tecnologia funcionar e não se sente apenas uma vítima do processo.

Adequação da gestão. Se os gestores do processo não conhecem a tecnologia, ou se não confiam nela, não haverá o apoio, e a cobrança e a expectativa de resultado positivo tende a cair por terra. Se possível, o gestor deve participar da decisão de aquisição da tecnologia, deve ser o primeiro a ter contato com ela e deve ajudar a treinar os funcionários em sua utilização. Ele deve ser o patrocinador do processo de implantação da tecnologia junto à fabrica. Só assim o processo irá em frente.

Portanto, tendo a tecnologia disponível e capacidade de transformá-la em tecnologia aplicada tudo está resolvido, certo? *Errado*. Falta o principal para que o processo tenha sucesso e que é de responsabilidade exclusiva do investidor, que é a tomada de decisão correta.

Nossos avós diziam, quando queriam acalmar nosso ímpeto, para "não colocar a carroça na frente dos burros". Adaptando-se esse pensamento popular para a compra de tecnologia, não se pode colocar a solução na frente do problema. Os empresários são constantemente bombardeados por soluções tecnológicas fantásticas que irão melhorar a qualidade, aumentar a produtividade, reduzir custos e melhorar a gestão. E muitas vezes caem na tentação de comprar tecnologia sem saber direito como estão e do que precisam.

O investidor precisa: 1) ter um problema a ser resolvido; 2) analisar as possibilidades tecnológicas para a solução desse problema; 3) Pesquisar, com fornecedores, as opções existentes; 4) Checar, por meio de visitas ou consultas, se a solução que aparentemente resolve melhor o seu problema já resolveu problemas semelhantes com outros usuários; 5) Comprar (ou não) a solução; 6) Checar a efetividade da solução perante o problema a ser resolvido.

Só assim vai-se efetivamente conseguir transferir para os clientes as vantagens da compra da tecnologia, aumentando, desse modo, a competitividade e permitindo que se consiga, num primeiro instante, sobreviver num mundo altamente competitivo e quem sabe até crescer e progredir conquistando novos clientes, novos mercados etc.

Este, portanto, é o desafio para as empresas que buscam melhorar tecnologicamente. Saber perceber suas deficiências e ter capacidade para extingui-las. E é preciso saber que atingir a solução correta não é questão de sorte, é questão de competência.

A importância da boa utilização da TI (Tecnologia de Informação) na indústria gráfica

Estamos vivendo a Era da Informação! A Tecnologia de Informação, hoje, faz parte do dia a dia das empresas, dos governos e das pessoas, e vem transformando com uma velocidade alucinante as rotinas, os procedimentos e alguns conceitos que estavam aparentemente arraigados e que agora fazem parte do passado.

E a Tecnologia de Informação impactou diretamente o mundo das comunicações, provocando mudanças radicais na forma de divulgação das informações, na maneira de mostrar novos produtos para os futuros clientes, na forma de divulgação da cultura, no processo da educação etc. E como é muito fácil notar, essas mudanças alteram também, de modo drástico, a indústria gráfica.

São os tempos de mudanças, que inegavelmente trazem benefícios às pessoas, e que devem ser sempre bem-vindos. Podemos até dizer que mudança não é novidade na história do mundo, que sempre passou por transformações (que o digam Gutenberg, a Revolução Industrial, as Guerras Mundiais etc.). Realmente, o que pode assustar são a intensidade e a velocidade das mudanças, mas o que se nota é que esse processo é irreversível. São os novos tempos! Vivemos mais uma nova era!

Vamos analisar, então, como essas mudanças afetam a vida das empresas e, em particular, quais foram as alterações no perfil dos profissionais que trabalham nas empresas em geral, nos escritórios e nas fábricas e, em particular, o novo perfil do profissional da indústria gráfica.

No brilhante artigo de 2000, *Além da Revolução da Informação*, Peter Drucker analisa a estrutura das mudanças provocadas pela tecnologia da informação. Ele apresenta, inicialmente, a Tecnologia de Informação não como um elemento de transformações radicais, mas como um *acelerador* das rotinas existentes, conforme mostra o trecho do artigo abaixo:

> *Como a Revolução Industrial de dois séculos atrás, a Revolução da Informação, nos seus primeiros 50 anos (de 1940 até 1990), apenas transformou processos que já existiam. Na verdade, o impacto real da Revolução da Informação não ocorreu na forma de informação. Por*

exemplo, praticamente não houve mudança na forma em que são tomadas as decisões nas empresas ou governos. A Revolução da Informação apenas transformou em rotina processos tradicionais de inúmeras áreas. O software para afinar um piano converte um processo que tradicionalmente levava três horas para algo em torno de 20 minutos. Há software para folhas de pagamentos, para controle de estoque, para programações de entrega e para todos os outros processos de rotina de uma empresa. O projeto das instalações internas de um grande prédio (aquecimento, hidráulica e assim por diante), de um presídio ou de um hospital antigamente envolvia, digamos, 25 projetistas altamente especializados durante 50 dias. Agora, existem programas que permitem que um projetista faça o trabalho em alguns dias, a uma fração ínfima do custo. Existe software que ajuda as pessoas a preencher a declaração de imposto de renda e software que ensina os residentes de hospital a retirar uma vesícula biliar.

Nesse artigo, o autor comenta que a grande transformação provocada pela Tecnologia da Informação surgiu no final do século passado e início deste século com o advento do comércio eletrônico, que efetivamente começa a mudar a forma de fazer negócios. Veja seus comentários:

O comércio eletrônico é para a Revolução da Informação o que a ferrovia foi para a Revolução Industrial – um avanço totalmente novo, totalmente sem precedentes, totalmente inesperado. Fazendo uma analogia com a ferrovia de 170 anos atrás, o comércio eletrônico está criando uma nova explosão, mudando rapidamente a economia, a sociedade e a política. Na nova geografia mental criada pela ferrovia, a humanidade dominou a distância. Na geografia mental do comércio eletrônico, simplesmente eliminou-se a distância. Existem somente uma economia e um mercado.

Vamos comentar separadamente essas duas situações, que passaremos a chamar de *fazer mais rápido* e *fazer diferente*. Quando falamos do *fazer mais rápido*, observamos que, a princípio, o resultado final será o mesmo, só que a forma de fazer será muito mais fácil e muito mais rápida.

Alguns gênios da informática conseguem entender certas rotinas e sistematizá-las de maneira que *"apertando-se um botão"* ocorrem diversas atividades que exigiam uma série de deslocamentos, observações e ajustes, que demandavam a utilização de várias ferramentas e obrigavam o trabalhador a usar o seu *feeling* e a sua experiência para obter os resultados esperados.

Partindo-se do pressuposto de que essas sistematizações são bem feitas (o que nem sempre ocorre), ou seja, que o resultado final é tão bom ou melhor do que se obtinha anteriormente, podemos chegar à conclusão de que trabalhadores não tão bem treinados e com pouca experiência conseguem obter, na maioria das situações, resultados praticamente iguais aos obtidos pelos trabalhadores mais experientes. Vamos dar dois exemplos:

- Com uma impressora de última geração, um impressor com pouca experiência, mas que saiba utilizar os recursos tecnológicos de seu equipamento, consegue fazer um *set up* de um serviço *normal* em quadricromia praticamente no mesmo tempo e com a mesma qualidade obtida por um impressor experiente.
- E da mesma forma, um orçamentista sem experiência que conhece bem o *software* de gestão que utiliza, pode fazer um orçamento *normal* tão correto e tão rápido quanto um orçamentista experiente.

O fato conclusivo que podemos obter desses exemplos é que "profissionais *piores* conseguem resultados que antigamente só os bons profissionais conseguiam". Antes que a frase possa trazer algum incômodo, esclarecemos que usamos o termo *pior* para indicar profissionais com menos conhecimento de processos, menos experiência na operação de equipamentos e menor conhecimento das variáveis envolvidas, e não para classificar profissionais como menos envolvidos ou menos dedicados.

E vejam que isso é bom! A tecnologia eleva o patamar médio de qualidade de uma forma geral, demandando menos recursos humanos. Ela permite a empresas, que não tinham condições de prover trabalhos com qualidade, por falta de profissionais habilitados, que hoje possam competir com produtos melhores, fornecidos em prazos competitivos. A tecnologia *socializa* a qualidade.

Entretanto, esse avanço pode trazer terríveis efeitos colaterais, causados basicamente pelo fato de que se pode entender, erroneamente, que não precisa-se mais formar profissionais tão qualificados para se obter bons resultados, já que a tecnologia resolve os problemas. Mas essa é a grande falácia da Tecnologia!

O fato de ter equipamentos, dispositivos ou *softwares* mais completos e fáceis de operar não elimina a necessidade de um profissional muito bem formado. E esses equipamentos, dispositivos ou *softwares* devem ser *ferramentas* na mão do profissional. Quando tudo estiver bem e os produtos processados forem *normais* ou padronizados, um trabalhador menos qualificado conseguiria o resultado, mas o profissional pleno consegue fazê-lo de uma forma um pouco melhor ou mais rápida.

No entanto, a grande diferença se sobressai quando as coisas se distanciam da normalidade. É quando o profissional é requisitado a atuar. Tentar descobrir causas de anormalidades, procurar alterar algumas variáveis do processo para obter melhores resultados, buscar melhorias na forma de trabalhar com produtos não usuais são tarefas que a tecnologia não resolve sozinha. É necessário o talento, a experiência e o conhecimento técnico de um profissional pleno, e a tecnologia disponível pode ser uma boa ferramenta para ajudá-lo, nada mais do que isso.

Portanto, é necessário tomar alguns cuidados ao possuir a tecnologia, se não há quem a conheça ou quem a opere. Vamos detalhar esses cuidados.

1) Evitar a dependência
Se o empresário começar a ouvir frases do tipo: "O sistema não deixa fazer..." ou "Não dá para fazer isto porque estamos sem sistema"; provavelmente ele tem de trabalhar a capacitação do seu profissional, pois este é *incompleto*. Um bom impressor *tem de* saber acertar e rodar uma máquina sem todos os recursos da tecnologia (evidentemente que com mais dificuldade); um orçamentista *tem de* saber fazer um orçamento quando o sistema cai (evidentemente num tempo maior). O sistema ajuda o profissional, mas não substitui o conhecimento necessário para a realização das operações.

2) Não aceitar a falta de excelência *nos trabalhos*
Uma boa tecnologia mal operada pode dar resultados razoáveis ou bons, mas será muito difícil que dê resultados excelentes, diferenciados. O risco de tecnologias mal operadas é tornar-se *commodities*, isto é, fazer o que to-

dos fazem, cobrar o que todos cobram e dar ao cliente a satisfação que todos dão. Esta é uma receita extremamente perigosa num mundo competitivo como o de hoje. A diferenciação real e o trabalho com excelência vêm com um excelente profissional utilizando uma excelente ferramenta tecnológica.

3) Não perder a qualidade na solução dos problemas
A capacidade de uma empresa é medida quando tudo vai mal. A anormalidade testa o conhecimento, a flexibilidade e a disposição da empresa. E nesta hora, de novo, o profissional *vai para a vitrine*. É a hora da inovação, da criatividade e da flexibilidade (o que chamamos de trocar o ideal pelo possível), e, mais uma vez, a tecnologia pode ser uma excelente ferramenta, mas quem faz o que precisa ser feito é o homem.

4) Não abrir mão do talento
A empresa, a escola e os governos são responsáveis pela boa formação dos profissionais e, mesmo tendo todas as facilidades que a tecnologia pode trazer, eles não podem abrir mão de continuar a atuar em seu papel de geradores de conhecimento, com o risco de tornar as nossas empresas medianas e *commoditizadas*. Precisamos encontrar, formar e reter talentos.

Falando agora da outra forma de atuação da tecnologia, que é o *fazer diferente*, entendemos que esta é a parte nobre da atuação da Tecnologia de Informação nas empresas, e particularmente nas empresas gráficas.

Quando utiliza-se a tecnologia para criar novas formas de fazer as tarefas, aproveitando da melhor forma as suas características e os seus resultados, quer sejam em qualidade, custo ou prazo, não se está apenas melhorando o que existe, mas sim transformando o ambiente produtivo para algo melhor.

E, certamente, essas novas tecnologias irão demandar um novo grupo de profissionais extremamente capacitados para operar tais transformações. Teremos então um círculo virtuoso. Novas tecnologias gerando novos processos que demandam novos profissionais e que geram produtos diferenciados para atender ou até criar novas expectativas dos clientes.

Para concluir, enfatizamos que a Tecnologia de Informação é excelente, necessária, importante e estratégica, mas é somente uma ferramenta. Nunca podemos deixar de entender claramente quem é o dono de quem.

Não podemos ser escravos da tecnologia, caso contrário estaremos nos diminuindo como seres pensantes. Temos de ser os agentes do processo utilizando (ou não) os recursos tecnológicos disponíveis para otimizar os resultados. Repetimos, nunca se pode esquecer quem é o dono de quem! O empresário domina a tecnologia ou a tecnologia o domina?

Acreditamos que o fator de diferenciação das empresas foi, é e deverá ser sempre o homem. Precisamos de muitos seres humanos (inteligentes) para criar os Sistemas e as Tecnologias e precisamos, também, de muitos outros seres humanos (também inteligentes) para operar esses sistemas e utilizar essas tecnologias em prol de um melhor resultado para as empresas e uma melhor qualidade de vida para os seus colaboradores.

CAPÍTULO 7

Atualização constante: pés no presente e olhar no futuro – preparando o crescimento e o futuro do negócio

No século XXI, o mundo parece girar mais rápido. Muitas mudanças, muitas novas tecnologias, novos hábitos, tudo novo. E as empresas precisam acompanhar esse ritmo para se manterem competitivas. É preciso administrar o presente e, entendendo o passado, se preparar para o futuro que se mostra incerto.

Precisamos aprender a planejar para a incerteza. No século XX, muitos planejamentos eram um *espelho* do passado projetado para o futuro. Isto não ocorre mais. Temos de entender as forças atuantes, as forças emergentes e imaginar possíveis novas forças que atuarão no mercado. Este sim é um belo exercício de planejamento.

Os gestores serão levados ao limite de sua competência para fazerem este exercício de planejamento e para administrar no dia a dia os efeitos das suas decisões. Ter conhecimento e informação é fundamental para isso. Os textos a seguir tratam de alguns aspectos bastante relevantes para o exercício do planejamento estratégico para a indústria gráfica do século XXI.

O QUE SÃO AS TECNOLOGIAS DISRUPTIVAS E COMO ELAS ESTÃO AFETANDO O NEGÓCIO DA INDÚSTRIA GRÁFICA

Ao pesquisar em alguns artigos e comentários sobre o tema tecnologias disruptivas, tivemos a sensação de que a indústria gráfica começou a sofrer os seus efeitos há bastante tempo (talvez antes mesmo que o termo fosse criado por Clayton M. Christensen e introduzido em seu artigo de 1995, *Disruptive Technologies: Catching the Wave*[1]), e que ela ainda é um *alvo interessante* para essas futuras inovações.

O tema nos parece intrigante e acreditamos que deva ser acompanhado de perto pela indústria gráfica em geral. Vamos procurar entender, então, o que são as tecnologias disruptivas. (E vamos ao Google! – que certamente é uma inovação disruptiva).

Tecnologia disruptiva ou inovação disruptiva é um termo que descreve a inovação tecnológica, produto ou serviço, que utiliza uma estratégia *disruptiva*, em vez de *evolucionário* ou *revolucionário*, para derrubar uma tecnologia existente dominante no mercado. As tecnologias *evolucionárias* provocam melhorias incrementais nos produtos/serviços; as *revolucionárias* provocam grandes alterações e as tecnologias *disruptivas* destroem o que existe e atendem às mesmas exigências dos clientes com diferenças absolutamente significativas, utilizando algo completamente diferente e novo.

Exemplos de tecnologias disruptivas bem-sucedidas não são muito comuns. Eventualmente, uma tecnologia disruptiva vem a dominar um mercado existente, seja preenchendo um espaço no novo mercado que a tecnologia antiga não conseguia atender, ou por lentamente ir ocupando um lugar no mercado, começando com um produto mais barato com *performance* inferior, e, por meio de aperfeiçoamentos, finalmente ocupando o espaço dos líderes do mercado. O exemplo clássico de tecnologia disruptiva é a máquina fotográfica digital em relação à máquina fotográfica tradicional com filme e revelação.

Em um artigo da Wikipédia publicado em 2010, que fala sobre o tema, são mostrados vários exemplos de aplicações de tecnologias disruptivas, e o que nos chamou a atenção foi que três deles envolvem o ramo da indústria gráfica (http://pt.wikipedia.org/wiki/Tecnologia_disruptiva). São eles:

- *Editoração eletrônica × editoração tradicional*
  Recordamo-nos de que no início dos anos 1980 a diagramação do texto fazia parte do *processo gráfico*. Eram os tempos das laudas datilografadas.

---

1. *Tecnologias disruptivas: pegando a onda,* em tradução livre. (N.E.)

- *Impressão digital* × *impressão* offset
   No começo, existia a opção dos dados variáveis. Depois, a possibilidade de impressão em cores com baixa qualidade e produtividade. Hoje, é uma opção viável para produtos que em outras épocas não seria possível produzir de modo econômico.

- E-book × *livro de papel*
   Era a *virada* que, naquela época, estava em início de processo, sobre a qual praticamente todos tinham dúvidas quanto a sua amplitude, seus efeitos e suas consequências na indústria de comunicação (Editoras, Gráficas, Distribuidoras, Livrarias). Sua importância pode ser avaliada pelo número de artigos que vinham sendo dedicados a este tema e sobre a atenção que todos os interessados tinham em acompanhar passo a passo o desenvolvimento e a evolução do assunto.

Acreditamos que também poderíamos incluir a mudança nos processos de pré-impressão que saíram dos sistemas óticos (lembram-se dos quartos escuros dos *Estúdios*?) para os *scanners* que digitalizam as imagens, quando todo o processo de retoque e montagem também passou a ser digital.

Outro fator que também é necessário analisar é o *efeito destruidor* das tecnologias disruptivas no ambiente existente. Se uma tecnologia disruptiva se impõe ao mercado, ela provoca mudanças radicais em diversas dimensões:

- *Podem mudar modelos de negócio*
   É só ver a mudança do processo de *comercialização de músicas* – do CD para o *iTunes*.

- *Podem mudar as estruturas das empresas*
   Com a Tecnologia de Informação não existem fronteiras. O setor *ao lado* da sua empresa pode estar no mesmo prédio, ou na Índia (ou China).

- *Podem mudar as estruturas industriais das empresas*
   Novas tecnologias quase sempre implicam em novos equipamentos. Desaparecem fábricas velhas e surgem novas.

- *Podem mudar os perfis dos profissionais requeridos*
  Profissões ficam obsoletas e surgem outras novas. Remunerações mudam. O sistema de ensino precisa se adaptar.

- *Pode mudar o mercado*
  Mudam-se hábitos, mudam os consumidores, muda o mercado.

Portanto, é de certa forma esperado que empresas ganhem muito (ou nasçam) e que outras percam muito (ou morram) em função dessas tecnologias. Ou que o *ranking* dessas empresas se altere radicalmente, privilegiando as empresas pioneiras e as inovadoras e penalizando as resistentes. Sem esquecer que a maioria das tecnologias disruptivas não emplaca, e neste caso, se um *pioneiro* apostar todas as suas fichas numa tecnologia que não vinga, é ele quem morre.

O fato é que as *tecnologias disruptivas* estão aí e não dá para fingir que elas não existem, pois o risco de elas afetarem profundamente vários ramos de negócio não é pequeno. Particularmente a indústria gráfica, que faz parte do processo de comunicação de uma forma geral, pode ser ainda mais afetada, pois é no mundo da comunicação que estão ocorrendo as grandes mudanças tecnológicas das últimas décadas. Mas, diante disso, o que o empresário gráfico pode e deve fazer com relação às tecnologias disruptivas?

Em primeiro lugar, manter-se informado, pois o volume de informações que surgem continuamente é espantoso. É necessário se informar sobre tudo, ler várias opiniões sobre o mesmo tema e tentar, dentro do possível, fazer uma análise para chegar a uma visão própria sobre o assunto, lembrando que, principalmente quando se fala de *tendências*, muito do que se fala podem ser estimativas, visões ou opiniões que talvez não estejam apoiadas em fatos concretos. Deve-se tomar cuidado para não embarcar em ideias de *gurus* de ocasião. Outro aspecto também importante é que, como se fala de futuro e de tendências, elas podem mudar muito e podem mudar rápido. Acompanhar as informações e as suas mudanças é fundamental.

Em segundo lugar, não deixar de pensar estrategicamente, porém sem deixar de incluir uma análise de risco para as decisões de longo prazo. O plano "B" passa a ser cada vez mais importante (e porque não pensar no plano "C", "D" etc.), pois não se pode apoiar toda a estratégia da empresa em apenas uma alternativa de futuro. Não se pode, também, só pensar no curto prazo, pois provavelmente algumas ações necessárias para o futuro deixarão de ser tomadas. O importante é que as decisões estratégicas tomadas pela empresa devam estar sempre inseridas num cenário de incertezas e mudanças, para que a avaliação de riscos seja bem feita e que possíveis correções de rota, resultantes de mudanças tecnológicas, não venham a comprometer a saúde da empresa.

Também não é menos importante se preocupar em manter uma equipe tecnicamente atualizada e pronta para reagir, ou melhor, *antever* as novas tecnologias, adaptando-se rapidamente a elas e tirando delas o proveito que o seu negócio pode obter, da forma mais rápida possível, pois é fato que as novas tecnologias aparecem muito rápido e também desaparecem muito rápido. Quem perde o "trem da história" pode correr o risco de não aproveitar os benefícios que as novas tecnologias podem trazer para o negócio.

E para concluir, é imprescindível que o empresário gráfico esteja preparado e *goste* de mudanças. O perfil extremamente conservador tende a perder espaço no mundo das comunicações. O *ousado consciente* deve ser o perfil mais adequado para o ambiente que se aproxima. Está claro que estamos e estaremos vivendo num mundo em que haverá muito mais perguntas do que respostas. No entanto, o futuro está aí e é incerto. Podemos temê-lo ou nos preparar para enfrentá-lo. Esta será a escolha de cada um.

PERSPECTIVAS PARA A INDÚSTRIA GRÁFICA – GERENCIAMENTO DE CRISES

Crises vêm e vão. É bom começarmos a nos preparar para a próxima!

Uma das virtudes mais necessárias para quem pretende ser um gestor eficiente é a capacidade de administrar durante as crises. As empresas demandam esse tipo de profissional, já que constantemente temos sido alvo de crises econômicas que afetam fortemente o mundo dos negócios.

E dentre tudo que ouvimos sobre o assunto, destacamos a brilhante palestra do ex-presidente Fernando Henrique Cardoso, no 14º Congresso

Brasileiro da Indústria Gráfica, que se realizou em novembro de 2008, em que ele mostrou, entre outras coisas, o caráter cíclico das crises econômicas, comportamento que proporcionaria certa previsibilidade do que poderia ocorrer. Lembramos que essa palestra ocorreu nos primeiros momentos da crise de 2008, em que o grau de incerteza sobre o que viria era altíssimo.

Essa crise foi alvo de grandes discussões no mundo dos negócios, pois teve características diferentes das anteriores, por ter sido mais grave nos países do 1º mundo e por seus efeitos em todo o mundo. Ela realmente balançou os alicerces do mundo econômico e político e trouxe efeitos em maior ou menor grau para todos nós.

A análise dessa visão cíclica das crises nos levou a duas reflexões. A primeira é a de que o mundo não acaba com as crises. Percebe-se, e novamente isto foi claramente demonstrado pelo professor Fernando Henrique, que o mundo vem aprendendo com as suas crises e consegue entender e enfrentar melhor as subsequentes. O exemplo típico foi uma série de erros políticos em relação ao sistema bancário que ocorreram na crise de 1929, que não se repetiram na crise de 2008 e que foram decisivos para o início da retomada da ordem econômica mundial.

Porém, a segunda reflexão é um pouco mais cruel. Tem-se a certeza de que outras crises virão. Mais violentas ou não, mais frequentes ou não, mais catastróficas ou não, vindas dos países emergentes ou dos desenvolvidos, enfim, não se sabe como elas serão e nem quando elas irão ocorrer, mas que elas virão, não se tem dúvida.

Além da possibilidade real de elas ocorrerem, existe outro aspecto a ressaltar quando falamos de crises, que é o efeito delas na gestão das empresas. Culpa-se a crise por uma série de problemas, mas o que nos parece muito claro é que a crise não *gera* problemas de gestão. Ela apenas *evidencia* os problemas que já estavam lá, mas que por conta da prosperidade e/ou abundância e/ou cegueira gerencial, não eram visíveis.

A produtividade baixa, os altos custos, a equipe pouco capacitada, o descontrole sobre a inadimplência e sobre o endividamento e outros itens que destroem uma empresa estavam presentes, porém, uma carteira recheada de pedidos, um caixa suficiente, crédito em abundância e uma grande movimentação financeira criavam uma nuvem de efeitos temporários e incipientes que escondiam as reais causas dos problemas de gestão.

Quando chega a crise, esta nuvem se dissipa e os resultados negativos aparecem. A empresa não está pior do que estava. Isso só não é palpável. O que a crise proporciona então é uma *depuração* das empresas.

Existirão menos pedidos, a preços mais baixos, com prazos mais curtos, feitos por empresas menos saudáveis que pedirão mais créditos e que talvez não paguem. As negociações chegam a condições extremas e este é o grande *checkup* para a saúde das empresas vendedoras.

Aquelas que têm qualidade de gestão anteveem os efeitos da crise, reorientam a sua estratégia, agem preventivamente, e conseguem fôlego extra para suportar a crise (e em alguns casos, até prosperar com ela). As que não têm qualidade de gestão, tentam vender qualquer coisa, para qualquer um a qualquer preço. E os resultados são desastrosos.

Ao vender *qualquer coisa* colocamos dentro da produção itens que não são a especialidade de determinada empresa, e isto faz com que a produtividade caia e o custo suba. Ao vender para *qualquer um* aumenta-se a inadimplência, que prejudica o caixa, que pode ter efeitos no endividamento da empresa. Ao vender a *qualquer preço* colocamos à prova os custos, que são fruto de *gorduras* desnecessárias, ineficiências evidentes e materiais mal comprados.

O resultado disso para essas empresas *sem gestão* é que algumas delas simplesmente morrem, outras sofrem lesões que levarão alguns anos para serem reparadas, algumas saem vivas, porém muito arranhadas e, na melhor das hipóteses, algumas levam um grande susto. Logo, os resultados de uma crise nas empresas é moldado antes de sua chegada e este é o ponto em que vamos nos basear para a análise das perspectivas pós-crise na indústria gráfica.

A depuração do mercado, que a crise causa, traz como consequência empresas *melhores*. As medidas certas que foram tomadas e os problemas/ erros que tiveram de ser prontamente administrados trazem conhecimento e experiência para a empresa. E este conhecimento faz com que a empresa sobreviva a uma condição extrema. A conclusão óbvia é que, ao melhorar o mercado, esta condição de sobrevivência passa para o estágio de prosperidade, desde que não se percam os progressos obtidos na crise.

Mas antes de comentarmos esses progressos, vale lembrar que, no pós--crise, o mercado raramente volta à condição anterior. As conquistas obtidas pelos clientes, como menores preços, prazos de entrega mais curtos, prazos de pagamento mais longos e serviços agregados não serão esquecidos por eles, isto é, cria-se um novo ambiente em que as condições de entrada e manutenção de um *player* no mercado são outras. A exigência do cliente aumenta. E quem sobreviveu na crise e vai prosperar no pós-crise são as empresas que souberam quais medidas tomar e vão saber como mantê-las no novo ambiente.

Foi preciso cortar custos na crise. Quem soube fazer isso com inteligência, cortando efetivamente as *gorduras*, atacando os custos diretos desnecessários e atuando com firmeza e determinação na análise de desempenho/desperdícios e controle de gastos, obteve a resposta necessária e percebeu que a maior parte do resultado de uma empresa, hoje, não vem das receitas crescentes, mas sim de custos reduzidos.

Foi preciso melhorar a produtividade. Quem soube trabalhar corretamente a equipe, treinando adequadamente os seus funcionários e motivando-os para a obtenção de resultados, conseguiu muito retorno com pouco investimento.

Foi preciso melhorar a qualidade e quem soube utilizar corretamente a tecnologia disponível e *se livrar* de equipamentos e processos ineficientes ou onerosos, conseguiu melhorar sua qualidade sem aumentar seus custos.

Portanto, temos um novo ambiente de negócios: empresas melhores atendendo um mercado mais exigente. Estamos prontos para uma nova fase de prosperidade. Só nos resta cuidar de um último ponto, que é crucial. Precisamos cuidar da memória!

Mas o que significa isso? Significa que, à medida que os resultados surgem e que a empresa e a lucratividade prosperam, não se deve esquecer tudo o que foi feito nos momentos difíceis e que se saiba ter o controle adequado dos custos, do desempenho e da estrutura organizacional a fim de não incorrer nos mesmos erros do passado e ter de lutar para sobreviver na próxima crise. As cicatrizes precisam ficar visíveis!

Na prosperidade, devemos controlar os custos como se houvesse uma crise: não contrate desnecessariamente; não faça gastos, só investimentos; pense no longo prazo; dê a chave do cofre para a pessoa mais conservadora de sua equipe.

Na prosperidade, continue investindo nas pessoas para aumentar a produtividade. Vamos tirar de cada um o que tem de melhor. Não compre mais equipamentos se os atuais não são bem aproveitados. Crie procedimentos, ponha em prática, treine, motive e cobre.

Na prosperidade, invista na qualidade do produto e no atendimento aos clientes. Mas aos clientes certos; aqueles que querem o que sua empresa faz de melhor e estão dispostos a pagar por isso. E mais do que tudo; tome todas essas atitudes pensando na próxima crise, pois ela virá.

Fizemos um comentário numa palestra durante a crise de 2008 que gostaríamos de repetir para concluir este tema: "Sempre encontro um otimista nos tempos de crise, e isso é bom. No entanto, sinto falta de um pessimista nos tempos bons, para nos manter com os pés no chão". É isso mesmo. Vamos colocar os pessimistas para nos ajudar nas boas fases que estão por vir.

Tendências para a indústria gráfica: as incertezas do futuro

Vivemos a Era da Informação! Uma era na qual as transformações ocorrem com uma velocidade e com uma frequência que seriam inimagináveis algumas décadas atrás. Se olharmos, por exemplo, o tempo que o telefone levou desde a sua invenção até atingir seu primeiro milhão de usuários e fizermos o mesmo para o telefone celular; se verificarmos o tempo que a internet levou para sair dos laboratórios e chegar aos lares de centenas de milhões de pessoas no mudo; ou se observarmos o curtíssimo tempo de vida útil de um produto de consumo como o videocassete, que levou poucos anos para nascer, ficar popular e desaparecer; veremos como a vida do cidadão comum está se modificando em função de novas tecnologias, que mudam seus hábitos de consumo e seu estilo de vida.

E, como consequência, imaginem o quanto as empresas têm de se reestruturar para se adaptar a estas rápidas mudanças tecnológicas. Fábricas ficam obsoletas rapidamente, projetos têm de ser efetivados rapidamente sob o risco de não serem mais lucrativos se atrasarem muito, e a necessidade de investimentos contínuos para manter a fábrica, os equipamentos e as equipes atualizadas e produtivas. Estes têm sido um desafio e tanto para os gestores.

Particularmente na indústria gráfica, tal desafio é ainda maior, pois o produto está ligado diretamente ao processo de comunicação, que é a maior alavanca de todas estas mudanças que vêm ocorrendo no mundo. As mudanças tecnológicas afetam a estrutura de gestão das empresas, mas também alteram a "estrutura de negócio" do ramo.

E a parte mais intrigante deste desafio é olhar para o futuro. Se já não é fácil se adaptar às mudanças constantes que o presente nos traz, imaginem o que deve ser presumir o que o futuro nos reserva para que possamos fazer um planejamento estratégico para cinco ou dez anos! Ter previsões para um período desses é praticamente impossível... podemos ter, no máximo, algumas boas visões e tendências.

Porém, temos que montar a empresa para o futuro. É também para isso que existem os gestores! Vamos então tentar enxergar com a maior clareza possível o que pode ser considerado tendência para o futuro da indústria gráfica e analisar algumas ações que as empresas podem e devem tomar para se preparar para esse futuro.

Tecnologia

Para pensarmos em tendências para a indústria gráfica pela perspectiva da tecnologia, é preciso ter em mente dois pontos que são primordiais. O primeiro é que a velocidade da comunicação está aumentando brutalmente, e as pessoas precisam, querem e gostam que isto aconteça. Um dos grandes ganhos das novidades tecnológicas em comunicação é o *real time*. Falar com quem quiser, a qualquer momento e onde for, é fantástico. Saber dos fatos no momento em que eles estão ocorrendo está virando quase uma necessidade. Esta é uma das mudanças de hábito dos tempos modernos.

O segundo aspecto é que precisamos ter consciência de que a informação impressa *congela* a informação. A partir do momento em que a tinta se apoia no papel, o que resultar desta junção será imutável. Qualquer mudança posterior desatualiza o produto impresso. Em outras palavras podemos dizer que o produto impresso é perecível! Muitas das evoluções tecnológicas da indústria gráfica surgiram justamente da necessidade de redução do tempo entre a geração da informação e a chegada do produto impresso ao leitor. Muitas das mudanças no *pré-press*, a impressão digital, a melhoria no processo de distribuição e outras evoluções buscavam sempre reduzir o *lead time* do processo para minimizar os efeitos da perecibilidade do produto impresso.

Comparando os dois aspectos podemos ver que eles são antagônicos. Os leitores querem informações em *real time* e o produto gráfico *congela* as informações. Isso significa um ponto negativo para o produto gráfico. Sempre que a função do produto gráfico for informar sobre coisas recentes, ele tende a perder para as novas mídias que oferecem esse conforto para os leitores. Os jornais são um exemplo muito interessante desse contraste. Não acreditamos que o jornal em papel irá desaparecer, porém ele está tendo que se reconfigurar para atender outras necessidades do leitor (muito mais ligadas à análise) do que atender ao propósito de informar. *Ninguém mais compra um jornal para saber do resultado do futebol de ontem.*

Mas não é só isso! Onde os processos ficarem mais fáceis eletronicamente, não há o porquê de manter uma série de documentos em papel. O sucesso das Notas Fiscais Eletrônicas comprova este ponto de vista, além da queda vertiginosa da utilização de talões de cheques. Tudo isso joga contra a indústria gráfica.

Portanto, pode-se concluir que as novas tecnologias certamente vão *roubar* clientes da indústria gráfica. Não acreditamos que isso vá aniquilar o ramo industrial, mas certamente haverá estragos e as empresas devem estar preparadas estrategicamente para isso.

Economia
O Brasil, junto com a China, a Índia, a Rússia e a África do Sul, é considerado, do ponto de vista econômico, como a "joia da coroa" do século XXI. Tanto é verdade que esses países ganharam uma sigla com suas iniciais (Brics). Veja alguns dados impressionantes que envolvem esses quatro países:

- os Brics concentram mais de 45% da população do planeta, com 2,8 bilhões de pessoas;
- os Brics geram 20% do Produto Interno Bruto (PIB) mundial, com uma contribuição de US$ 8,62 trilhões;
- os Brics têm 32% da terra cultivável do planeta;
- entre 2000 e 2010, os Brics foram responsáveis por 1/3 do crescimento econômico mundial;

- os Brics armazenam 41% das reservas internacionais de divisas;
- no início de 2010, o FMI estimava que a Rússia cresceria 3,6%; a China 10%; a Índia 7,7% e o Brasil entre 5 e 6%.

Espera-se que, em 2014, os Brics sejam responsáveis por 60% do crescimento do planeta e, de acordo com recentes análises do Goldman Sachs, em 2032 serão as maiores economias do mundo.

Além desse dados, devemos sublinhar que, no Brasil, em 2010, 25% da população ainda estava abaixo da linha da miséria (o que significa quase 50 milhões de pessoas!). Sabemos ainda que, em questões de educação e cultura, temos um longo caminho a percorrer.

A congruência de todos estes dados nos leva a pensar de forma altamente positiva no futuro da indústria gráfica, pois um passo obrigatório para o crescimento de um país é o investimento na educação, que gera novos cidadãos e, porque não dizer, novos leitores, que demandarão números cada vez maiores de livros, jornais, revistas, e de novos consumidores, que precisarão de produtos e de suas embalagens.

É uma visão bastante animadora para a indústria gráfica. A economia brasileira deve trazer um número imenso de novos consumidores de produtos gráficos, o que, de certa forma, pode compensar as perdas a que nos referimos anteriormente, causadas pelo surgimento das novas tecnologias.

O que vai definir o futuro próximo do ramo industrial é a velocidade com que essas duas forças irão atuar. A resultante dessas forças no curto prazo nos parece mais favorável a um crescimento da demanda pela melhoria da economia. No médio e longo prazos temos uma grande interrogação vinculada à velocidade das inovações tecnológicas. Portanto, a tecnologia roubará clientes e a economia dará clientes para a indústria gráfica. E como uma gráfica deve entender essa mensagem e se preparar para o futuro?

* * *

Apesar das inúmeras incertezas, existem alguns pontos básicos a considerar para quem quer se preparar para o futuro:

1) A qualidade do produto impresso deixa de ser diferencial competitivo e passa a ser obrigação (ou o mínimo necessário). Isso quer dizer que quem não estiver tecnologicamente preparado para fazer produtos com qualidade adequada à demanda de seus clientes estará simplesmente fora de combate. Ter tecnologia adequada, estrutura bem montada e equipe treinada é obrigação, não mais diferencial.
2) Os *lead times* serão cada vez menores, e os prazos terão de ser cumpridos. A pressão por prazos mais curtos não parará. As gráficas terão de se estruturar para dar prazos curtos e ter competência para cumpri-los.
3) A intensidade da concorrência será cada vez maior. Com a globalização e a melhoria da comunicação, a indústria gráfica deixou de ser um ramo local para ser também um ramo global. Seus concorrentes, hoje, podem estar do outro lado do mundo. É preciso, portanto, que ela se prepare para competir com qualquer um.

Além disso, existe um aspecto que é óbvio. Os custos precisam cair! A competitividade, num mundo em que os preços são ditados pelo mercado, vai surgir principalmente de um bom controle de custos e da boa utilização dos recursos.

Controlar os custos não significa necessariamente cortar custos. Devemos sempre olhar os custos com olhos de produtividade – fazer mais com menos – e então tomar as decisões necessárias para gastar menos para fazer a mesma coisa ou gastar mais para fazer muito mais. Controlar custos não é apenas olhar preços, afinal de contas, o método de fazer três orçamentos e optar pelo de menor custo é adequado para *commodities,* não para ramos industriais em que a diferença de materiais e serviços pode definir a qualidade do produto final e, portanto, sua aceitação pelo cliente.

Uma empresa que quer controlar seus custos deve analisar preços, serviços adicionais, qualidade e desempenho dos materiais e serviços que são adquiridos. E com isso tomar a melhor decisão em relação ao *preço por unidade produzida*, que, em última instância, é o que será repassado ao cliente. E para reforçar este conceito de que o mais importante é o custo por unidade produzida, é sempre bom ressaltar a necessidade da boa utilização dos recursos existentes na empresa.

Trata-se aqui não só dos recursos físicos, que são as máquinas, prédios e dispositivos, mas também da boa utilização dos recursos humanos e recursos de gestão. Em uma empresa tudo tem um custo e, portanto, cada recurso no qual a empresa deposita algum valor para custeá-lo deve responder com um desempenho à altura do valor empregado. Isso quer dizer que, falando de forma muito simples: cada recurso deve devolver à empresa um valor maior do que ela aplica para a sua atuação.

Esse critério, apesar de óbvio, deve ser sempre questionado pela gestão da empresa. Estamos usando correta e produtivamente os nossos recursos físicos? Estamos ocupando bem o tempo produtivo desses recursos físicos? Estamos usando bem os recursos humanos da empresa? Conseguimos tirar de cada um o que ele tem de melhor? Estamos fazendo uma gestão produtiva?

Portanto, é imperioso que as empresas reduzam seus custos mediante um bom processo de compra de materiais e serviços e também da boa utilização de seus recursos, visando ao menor custo possível por peça produzida na fábrica.

* * *

E o que falar sobre tendências para os investimentos neste mundo de muitas mudanças? O efeito mais evidente sobre os investimentos, quando vivemos épocas turbulentas ou com muitas mudanças, é o aumento do risco. As análises de retorno sempre levam em conta algumas previsões ou expectativas sobre o mercado ou sobre o desempenho de determinado equipamento, que serão a base dos cálculos financeiros para verificar se vale a pena fazer o investimento. Com isso, chega-se a um tempo aproximado de retorno sobre o investimento que é um dos principais pontos para a tomada de decisão pelo gestor. Evidentemente, esse cálculo é aproximado por causa das possíveis variações em torno das expectativas apresentadas.

Em épocas normais ou mais estáveis, essas variações no cálculo do retorno não são tão intensas nem radicais e, portanto, elas não tendem a ser tão problemáticas, pois na maioria das vezes a decisão não se altera com essas variações.

Já em tempos instáveis, as variações podem ser muito grandes, o que pode pôr em xeque a decisão de efetuar ou não o investimento. A consequência imediata disso é que os gestores tendem a só efetuar investimentos cujo tempo de retorno seja mais curto. Isto, num primeiro momento, torna a sua decisão mais segura.

E, além disso, se realmente ocorrerem mudanças drásticas de tecnologia ou no mercado, provocando uma obsolescência técnica acelerada do equipamento, a chance de que o investimento nele aplicado já tenha tido o retorno adequado é maior. Logo, o que se verifica é um aumento do conservadorismo na aplicação de recursos em investimentos e a sua aplicação basicamente em investimento de rápido retorno.

* * *

O fato é que a indústria gráfica tende a sofrer grandes transformações na sua estrutura, num futuro próximo, e os empresários devem se preparar para isso, pois o risco de ter uma empresa "obsoleta" no futuro não é pequeno. Essa obsolescência pode vir pelo aparecimento de produtos substitutos, como ocorreu com as Notas Fiscais; pode vir pelo surgimento de novas tecnologias; ou ainda pela incorporação por um dos fornecedores de várias atividades que num primeiro momento são efetuadas por várias empresas. Este risco é real e não é pequeno.

Portanto, a indústria gráfica deve pensar seriamente em ampliar os seus horizontes para combater esta possível obsolescência. Uma boa definição de ação estratégica a ser tomada é dada por Joseph W. Webb, em seu livro *Renewing the Printing Industry: Strategies and Action Items for Success*[2] em que ele afirma que as empresas precisam deixar de fazer parte do ramo gráfico e passar a ser *empresas de comunicação*, fazendo parte do processo do cliente para poder ser priorizado e valorizado por ele. As empresas deixarão de ser "fornecedoras de serviços gráficos" e passarão a ser "provedoras de soluções para o mercado", quer seja ele o mercado editorial, promocional, de embalagens ou qualquer outro atendido, hoje, pela indústria gráfica.

Definitivamente será exigido dos gestores que "pensem fora do quadrado" e que participem mais da vida do cliente, a fim de que consigam real-

---

2. *Renovando a indústria de impressão: estratégias e possibilidades de ação para o sucesso*, em tradução livre. (N.E.)

mente prover soluções de comunicação inovadoras que possam, *ou não*, ter produtos impressos, mas que atendam às necessidades de comunicação de seus clientes.

* * *

E, definitivamente, no meio de tantas incertezas e instabilidades, existe uma atuação estratégica e uma linha de investimento que deve, obrigatoriamente, estar na agenda de todos os gestores, que é o investimento em *conhecimento*.

O diferencial competitivo das empresas gráficas do século XXI não estará apoiado em equipamentos ou técnicas que estarão cada vez mais acessíveis e disponíveis no mercado; não estará apoiado em recursos financeiros, que estão cada vez mais disponíveis e em condições econômicas interessantes; e não estará apoiado em produtos ou processos que serão facilmente imitados ou combatidos. O diferencial competitivo das empresas estará quase totalmente apoiado no *conhecimento*.

Talvez melhor do que dizer conhecimento, devemos pensar em conhecimento aplicado, pois mais importante do que buscar, incentivar e reter o conhecimento, a empresa precisa realmente usá-lo! Transformar este conhecimento em ações que aumentem a produtividade e a lucratividade das empresas.

O grande objetivo das empresas precisará ser a criação de um ambiente propício para que pessoas talentosas possam trabalhar harmoniosamente na obtenção de soluções inovadoras e acessíveis para os clientes. Essa busca de talentos e a forma de estruturá-los para que eles consigam render o máximo será o grande desafio da gestão moderna, que deixa de atuar no papel "mandar/cobrar" e passa a atuar no papel "coordenar/controlar".

Só com conhecimento aplicado as empresas usarão corretamente os seus recursos e poderão gerar produtos e serviços de qualidade em um ambiente produtivo e lucrativo. E essa ação de desenvolvimento de talentos e de um ambiente de trabalho propício não é uma ação temporária, pois novas tecnologias, novas técnicas e novos produtos continuarão surgindo e a demanda por adaptação a novos cenários será uma constante na vida das empresas gráficas do futuro.

As empresas não poderão se acomodar caso cheguem a uma posição estratégica confortável, pois ela tenderá a ser temporária, e novamente serão necessários os talentos para preparar e criar um novo ambiente competitivo vencedor. Resumindo, não precisamos investir em inovações... o que precisamos é investir em inovadores!

Bibliografia

ADIZES, Ichak. *O ciclo de vida das organizações*. São Paulo: Pioneira, 1988.

BOWER, Joseph L.; CHRISTENSEN, Clayton M. "Disruptive Technologies: Catching the Wave". *Harvard Business Review*, 1995.

CORREA, Henrique L.; CORREA, Carlos A. *Administração de produção e operações – Manufatura e Serviços: uma abordagem estratégica*. 2.ed. São Paulo: Atlas, 2006.

DRUCKER, Peter. "Além da Revolução da Informação". *HSM* Management, ano 4, n. 18, jan-fev, 2000.

GOLDRATT, Eliyahu; COX, Jeff. *A meta*. São Paulo: Nobel, 2003.

KOTLER, Philip e ARMSTRONG, Gary. *Introdução de Marketing*. São Paulo: LTC, 1999.

MACGRATH, Rita Gunther; MACMILLAN, Ian C. "Tempo de Replantio". *HSM Management*, n. 76.

MOTTA, Regis da Rocha; CALÔBA, Guilherme Marques. *Análise de investimentos*. São Paulo: Atlas, 2002.

OLIVEIRA, Djalma de Pinho Rebouças de. *Administração de processos*. 4. ed. São Paulo: Atlas, 2011.

PORTER, Michael. *Estratégia competitiva*. Rio de Janeiro: Campus, 2005.

SCHEIN, Edgard. *Organizational Culture and Leadership* (Cultura organizacional e liderança). São Paulo, Atlas, 2009.

STEWART, Thomas A. *Capital intelectual*. Rio de Janeiro: Campus, 1998.

WEBB, Joseph W. *Renewing the Printing Industry: Strategies and Action Items for Success*. N. York, Rich Text & Graphics, 2008.